Construcciones afromexicanas de diáspora,
género, identidad y nación

Cajoneando, de Ixrael Montes (cortesía del artista)

Construcciones afromexicanas de diáspora, género, identidad y nación

Paulette A. Ramsay

Traducido del inglés por Gabriela Díaz-Cortez y Valentina Goldraij

THE UNIVERSITY OF THE WEST INDIES PRESS
Jamaica • Barbados • Trinidad and Tobago

The University of the West Indies Press
7A Gibraltar Hall Road, Mona
Kingston 7, Jamaica
www.uwipress.com

© 2020, Paulette Ramsay
Todos los derechos reservados. Publicado en 2020.

Publicado originalmente en 2016 bajo el nombre de *Afro-Mexican Constructions of Diaspora, Gender, Identity and Nation* por la University of the West Indies Press.

Un registro catálogado de este libro se encuentra disponible en Biblioteca Nacional de Jamaica.

ISBN: 978-976-640-766-7 (papel)
978-976-640-767-4 (Kindle)
978-976-640-768-1 (ePub)

Ilustración de la cubierta: representación de la artesa, elaborada en el taller del padre Glyn Jemmott Nelson, Centro Cultural Cimarrón, El Ciruelo, México.

Diseño de cubierta y diagramación por Robert Harris

La editorial de la University of the West Indies (Sede Mona, Jamaica) no se hace responsable por la permanencia y precisión de los vínculos URL de sitios web externos y de terceros consultados en esta publicación y no garantiza que el contenido los mismos es o seguirá siendo preciso o apropiado.

Impreso en los Estados Unidos de América.

Para los afro-mexicanos de la Costa Chica, después de muchos años de investigar su historia, su cultura, su tradición oral con sus décimas y coplas, sus poemas líricos; después de caminar con ellos y escuchar sus cuentos, sus silencios y sus cantos; después de partir el pan con ellos y sentir su profundo deseo de verse y ser vistos en su propia piel de ébano.

Contenidos

Listado de ilustraciones / ix

Prólogo / xi

Agradecimientos / xviii

Introducción / 1

1. La diversidad étnica y racial en México a través de la lente distorsionada de *Memín Pinguín* / 29

2. Las construcciones de género y nación en una selección de relatos folklóricos afromexicanos / 47

3. La masculinidad, el lenguaje y el poder en una selección de corridos afromexicanos / 71

4. El lugar y la identidad cultural y racial en una selección de poemas líricos y orales afromexicanos / 105

5. Afroméxico en el contexto de una estética cultural y literaria caribeña / 133

Conclusión / 155

Fotografías / 163–173

Notas / 175

Referencias / 181

Listado de ilustraciones

Figuras 1–6	Ejemplos de producciones artísticas del taller del padre Glyn Jemmott Nelson / xv–xvi
Figura 7	*Metal pueblo de gusto* (2004) / xvii
Figura 8	Mapa de México / xx
Figura 9	*La Minga* en la danza de los diablos / 27
Figura 10	La danza de los diablos / 27
Figura 11	Ejemplo de producción artística del taller del padre Glyn Jemmott Nelson / 28
Figura 12	Representación de la danza de la artesa / 28
Figura 13	Muchacha afromexicana / 163
Figura 14	Mujer de El Ciruelo / 163
Figura 15	Policía en el pueblo de Santo Domingo / 163
Figura 16	Habitante de El Ciruelo / 163
Figura 17	Muchacha de El Ciruelo / 164
Figura 18	Muchacha de Santo Domingo / 164
Figuras 19–20	Mujeres en El Ciruelo / 164
Figura 21	Mujer afromexicana en Punta Maldonado vendiendo el típico champurrado de Costa Chica (hecho con maíz y cacao) / 165
Figura 22	Policía en Santo Domingo / 165
Figura 23	Niño afromexicano en El Ciruelo / 165
Figura 24	Mujer afromexicana enseñando a hacer artesanía tradicional / 165

Figura 25	Personas en un taller en Lagunillas / 166	
Figura 26	Petitorio hecho por México Negro para que los mexicanos negros sean considerados un grupo étnico diferenciado en el censo del año 2010 / 166	
Figura 27	Entrada al pueblo de El Ciruelo / 167	
Figura 28	Entrada al pueblo de Santo Domingo Armenta / 167	
Figuras 29–32	Escenas de Cuajinicuilapa, estado de Guerrero / 168	
Figura 33	Actual presidente de México Negro, Sergio Peñalosa / 169	
Figura 34	Padre Glyn Jemmott Nelson con Paulette Ramsay / 169	
Figuras 35–36	Casas tradicionales en Tapextla / 170	
Figura 37	Vendedora en Cuajinicuilapa / 171	
Figura 38	Cartel exhibido en el *XI Encuentro de pueblos* / 171	
Figura 39	Mujer en una calle de Lagunillas / 173	
Figura 40	Mujeres en un taller / 172	
Figura 41	Pequeña biblioteca con información del legado de los afromexicanos ubicada en la localidad de El Ciruelo / 173	

Prólogo

Padre Glyn Jemmott Nelson

El proceso de autodescubrimiento en la vida de una persona es un paso necesario en el camino a la autoaceptación. Esto permite armonizar historias desarticuladas y conflictivas para reconciliar el pasado con el presente y celebrar lo que es singular en cada curva del accidentado trayecto hacia el presente. Lo mismo ocurre con las naciones: todo capítulo de la historia de una nación, toda persona que contribuyó a su crecimiento y todo grupo social y étnico minoritario deben ser aceptados y tenidos en cuenta en señal de reparación, aunque sea simbólica, de injusticias pasadas. También en señal de reconocimiento de "quiénes somos" y del compromiso colectivo con la igualdad.

Para los afromexicanos contemporáneos, el reconocimiento y la aceptación de sus antepasados esclavizados llevados a Nueva España durante los tres primeros siglos de régimen colonial han sido postergados. Esto se debe, por un lado, a la presencia escasa y dispersa de este grupo entre más de sesenta colectividades "indígenas" diferentes, y, por otro, al hecho de que la sociedad mexicana se autopercibe mestiza. La autora de estas páginas no abunda demasiado en las razones de esta postergación, ni en las injusticias que provocó, ni en las desigualdades que los mexicanos negros han sufrido. Más bien, se concentra en la supervivencia de este grupo y los aportes que hizo en cada momento de la historia de México. Esto es, tanto al comienzo de la expansión y la conquista, cuando, con su trabajo, impulsaron las transformaciones económicas del período colonial como "caudillos" y soldados en las guerras de independencia, como con su presencia silenciosa e invisible en el México contemporáneo.

Detrás del silencio "oficial" e "invisibilizado" para la mayoría de los mexicanos, gran parte del legado que se trajo de África hace siglos fue preservado y continúa manifestándose en la música, los festivales regionales de Veracruz y la costa pacífica, los estilos culinarios, las danzas folklóricas, el lenguaje, las prácticas religiosas y, especialmente, en los patrones de relaciones y amistad que han sobrevivido. Esto llevó a que los afromestizos de México, es decir, los afromixtecos, morenos, prietos o simplemente negros, traten de encontrarse y continúen la búsqueda de su lugar en el México actual.

Paulette Ramsay se concentra en los afromexicanos de Costa Chica. En el estado de Oaxaca, los afromexicanos se encuentran en cada uno de los tres distritos político-administrativos que comprenden la región costera: Jamiltepec, Juquila y Pochutla; la mayoría vive en el distrito de Jamiltepec. Entre los pueblos con más del 80% de población afromexicana se encuentran El Ciruelo, San José Estancia Grande, Rancho Nuevo, Santa María Cortijo, Santiago Llano Grande, El Maguey, San Juan Bautista Lo de Soto, Corralero, Collantes y Lagunillas. Otros, con una población negra importante, aunque no mayoritaria, son Santiago Pinotepa Nacional, Santa Rosa, Río Grande y Santa María Huazolotitlán.

Una situación similar se presenta en el estado vecino de Guerrero. Hay al menos treinta comunidades medianas y pequeñas en las que la mayoría de la población es afrodescendiente. La más grande y conocida es Cuajinicuilapa, cuya historia étnica, social y cultural ha sido tema de un estudio realizado por Gonzalo Aguirre Beltrán (en *Cuijla, esbozo etnográfico de un pueblo negro*, 1958). Incluso en la propia ciudad de Acapulco, de aproximadamente 1,2 millones de habitantes, viven miles de afromexicanos. La historia indica que están allí desde los albores del período colonial. Se podría afirmar que, en general, la población afrodescendiente se concentra a lo largo de los 400 kilómetros que van desde Acapulco, estado de Guerrero, hasta Huatulco, estado de Oaxaca. Comparten esta área con la población mestiza y varios grupos étnicos indígenas, entre ellos, amuzgos, mixtecos y zapotecas.

La mayor concentración se encuentra en los cuarenta pueblos ubicados en los alrededores de Cuajinicuilapa, estado de Guerrero, y Santiago Pinotepa Nacional, estado de Oaxaca. Fuera de los migrantes establecidos, en El Ciruelo todos son afrodescendientes, más allá de las variaciones visibles en el "color de la piel". El dicho "once de cada diez son negros en El Ciruelo" no constituye en absoluto una exageración y es, además, una realidad en la mayoría de los pueblos de Costa Chica.

El libro de Paulette Ramsay (publicado originalmente en inglés en 2016) se publica en un momento en el que los hijos y las hijas de África de todo el continente americano se están buscando de manera más intensa y decidida que en décadas anteriores. Uno puede referirse acertadamente a las últimas décadas del siglo XX como un momento de "encuentro entre afrodescendientes" en el continente americano. El viaje hacia el interior, que comenzó cuando nuestros antepasados bajaron de los barcos de esclavos en las costas de Cartagena y Bahía, Santo Domingo y La Habana, Portobello y Kingston, Barbados, Mobile y Veracruz, e hizo que la patria africana nos resultara extraña y nos volviéramos extraños entre nosotros, ha tomado el rumbo contrario. Ahora es un viaje de regreso desde los enclaves urbanos y rurales a los que hemos estado confinados y desde el silencio autoimpuesto de muchas generaciones, hacia nuevos "espacios" y múltiples lugares de encuentro como conferencias, exposiciones y celebraciones de un legado cultural, social y religioso compartido. Se trata de las huellas espirituales y materiales dejadas por los africanos en su viaje de cinco siglos por el continente americano y las islas del Caribe.

Más que momentos meramente académicos, estos reencuentros son ocasiones para celebrar. Largamente separados por los idiomas y las fronteras nacionales cambiantes, los afrolatinos y los afrodescendientes en general se están reencontrando después de mucho tiempo de haber estado encerrados y cegados por identidades raciales socialmente atribuidas. Estos encuentros proporcionan un espacio en el que podemos vernos de manera "diferente" y recordarnos de dónde venimos, quiénes somos y qué nos pertenece realmente como pueblo.

No debería sorprender que los procesos sociales y culturales que han moldeado la identidad de los mexicanos negros atraigan el interés de una destacada académica jamaicana. Uno podría aventurarse a afirmar que para los afromexicanos la voz de la autora y de "otros" que han emprendido luchas y viajes similares son esenciales en la pelea por escapar de su "silencio", al igual que para todas aquellas personas que intentan regresar a las orillas donde comenzaron el viaje al interior. Más allá del lugar donde se realicen, en estos encuentros de la diáspora se comparten historias desarticuladas y conflictivas y heridas heredadas, se rompe el silencio, se reconocen las luchas invisibles, se refuerzan las identidades y se pueden abordar las injusticias persistentes. Pero más, mucho más ocurre en estas orillas que se vuelven a visitar: los jamaicanos y los mexicanos negros se dan la mano. Los panameños y los haitianos, los brasileros y los colombianos, los barbadenses con gente de República Dominicana, los ecuatorianos y los guatemaltecos, los hondureños y los peruanos, los cubanos y los trinitenses se sientan juntos y comparten historias en una nueva lengua y con una cosmovisión enriquecida por el hecho de compartir. A su vez, encuentran respuestas a muchos de los interrogantes que Ramsay lleva adelante en su libro: "interrogantes acerca del lugar, la pertenencia, el orgullo y la agencia y la subjetividad nacional e individual". El lector que haga una lectura atenta de los siguientes capítulos se garantiza un lugar privilegiado en el actual encuentro de la diáspora.

El Centro Cultural Cimarrón

El padre Glyn Jemmott Nelson autorizó amablemente la incorporación de las fotografías de los trabajos artísticos que se presentan en este libro. Los trabajos fueron realizados por los participantes de un taller establecido y organizado por el padre Glyn en el pueblo El Ciruelo, Municipio de Santiago Pinotepa Nacional, Oaxaca, México, donde trabajó como cura de la iglesia católica local durante veintiocho años. El taller se llamaba Centro Cultural Cimarrón y funcionó desde 1986 hasta 2007.

Mario Guzmán Olivares fue cofundador del centro e instructor durante más de veinte años. Muchos de los participantes cuyos trabajos artísticos aparecen en este libro eran niños entonces: Víctor Palacios Camacho, Blanca Liévano Torres, Alberta Hernández Nicolás, Santa Obdulia Hernández Nicolás, Diana Laura Carmona Sánchez, Elder Ávila Palacios, Miguel Ángel Vargas Jarquin, Martín Hernández Aguilar, Guillermo Vargas Alberto, Balthazar Castellano Melo y Ayde Rodríguez.

Figura 1-6. Ejemplos de producciones artísticas del taller del padre Glyn Jemmott Nelson (de 1986 a 2007)

Figure 7. *Metal pueblo de gusto* by Elder Ávila Palacios (2004)

Agradecimientos

Este libro es resultado de muchos años de investigación que me llevaron a numerosos lugares dentro y fuera de México y también me acercaron a muchas personas interesantes.

Me gustaría agradecer al Comité de Investigación del Campus Mona (Oficina del Director) por otorgarme la beca de investigación que me permitió disponer del tiempo para hacer gran parte de este estudio. Le agradezco especialmente a Joseph Pereira, ex vicerrector de la University of the West Indies en Mona, que me acercó a la comunidad afromexicana cuando me presentó, primero, una copia del libro *Jamás fandango al cielo* y, posteriormente, una gran cantidad de material que él mismo había reunido durante su estancia en Costa Chica. Asimismo, me resultaron de gran ayuda sus propios trabajos de investigación (los primeros que se publicaron sobre los afrodescendientes de México). Él me ha apoyado y me ha aconsejado en esta investigación desde las primeras etapas.

Agradezco mucho a todas aquellas personas que diligentemente leyeron y comentaron distintas secciones del manuscrito: Marvin Lewis, Carl Campbell, Verene Shepherd, Jerome Branche, Melva Persico y Curdella Forbes. Una mención especial merecen Anne-María Bankay y Curdella Forbes por el tiempo que dedicaron a una cuidadosa revisión del texto. Agradezco el aval que le dieron a este trabajo Jerome Branche, que ha incluido una sección del capítulo cuatro en el libro que publicará próximamente, y Michael Niblett y Kerstin Oloff, que publicaron una sección del capítulo uno en su libro *Perspectives on the "Other America": Comparative Approaches to Caribbean and Latin American Culture* (Perspectivas acerca de la "otra América": aproximaciones comparativas a la cultura latinoamericana y caribeña).

No podría haber terminado este libro sin el apoyo de numerosas personas, familiares, amigos, colegas y estudiantes. Agradezco a Althea Aikens por las horas y horas que dedicó a ayudarme con la preparación del manuscrito. Debo reconocer también las múltiples maneras en que Peta-Gay Betty y Tamika Maise me ayudaron. Asimismo, debo expresar mi sincera gratitud por el interés que mostraron y el aliento que me dieron Ingrid McLaren, Carolyn Cooper, Anne-Marie Pouchet, Waibinte Wariboko y Paulette Kerr. A Elisa Rizo, de la Universidad del Estado de Iowa, que constantemente me decía "Termina ese libro sobre el México afro", gracias, gracias.

Fue un gran placer y un honor conocer y pasar varias horas con el padre Glyn Jemmott Nelson que compartió conmigo, sin reservas, sus experiencias multifacéticas de vida y trabajo con los afromexicanos de Costa Chica de Guerrero y Oaxaca durante más de treinta años. Aprendí tanto de él que eso me ayudó a mejorar y dar forma a este libro. Su compromiso con poner en primer plano la existencia de los afromexicanos siempre será recordado y reconocido. Llevaré en mi corazón las cálidas sonrisas y expresiones de agradecimiento y amor con las que me recibían en cada comunidad afromexicana de Costa Chica de Oaxaca y Guerrero, cuando mencionaba su nombre.

Un especial agradecimiento a María Elisa Velázquez Gutiérrez por dejarme usar el mapa, su fotografía de la danza de los diablos y una imagen de una muchacha afromexicana. Mi sincera gratitud al artista Elder Ávila Palacios por autorizarme a reproducir su representación del contexto típico donde se cantan los corridos (Figura 7).

Me siento muy agradecida con la University of the West Indies Press y su competente equipo por el trabajo que hicieron con este manuscrito.

Finalmente, les digo "mil gracias" a los muchos amigos que hice en los pueblos afromexicanos de El Ciruelo, Santo Domingo, Tapextla, San Nicolás y Cuijinicuilapa, especialmente a Sergio Peñalosa y a su familia. Siempre recordaré su generosidad y calidez. Espero junto a ellos que México los reconozca enteramente como ciudadanos plenos de la nación.

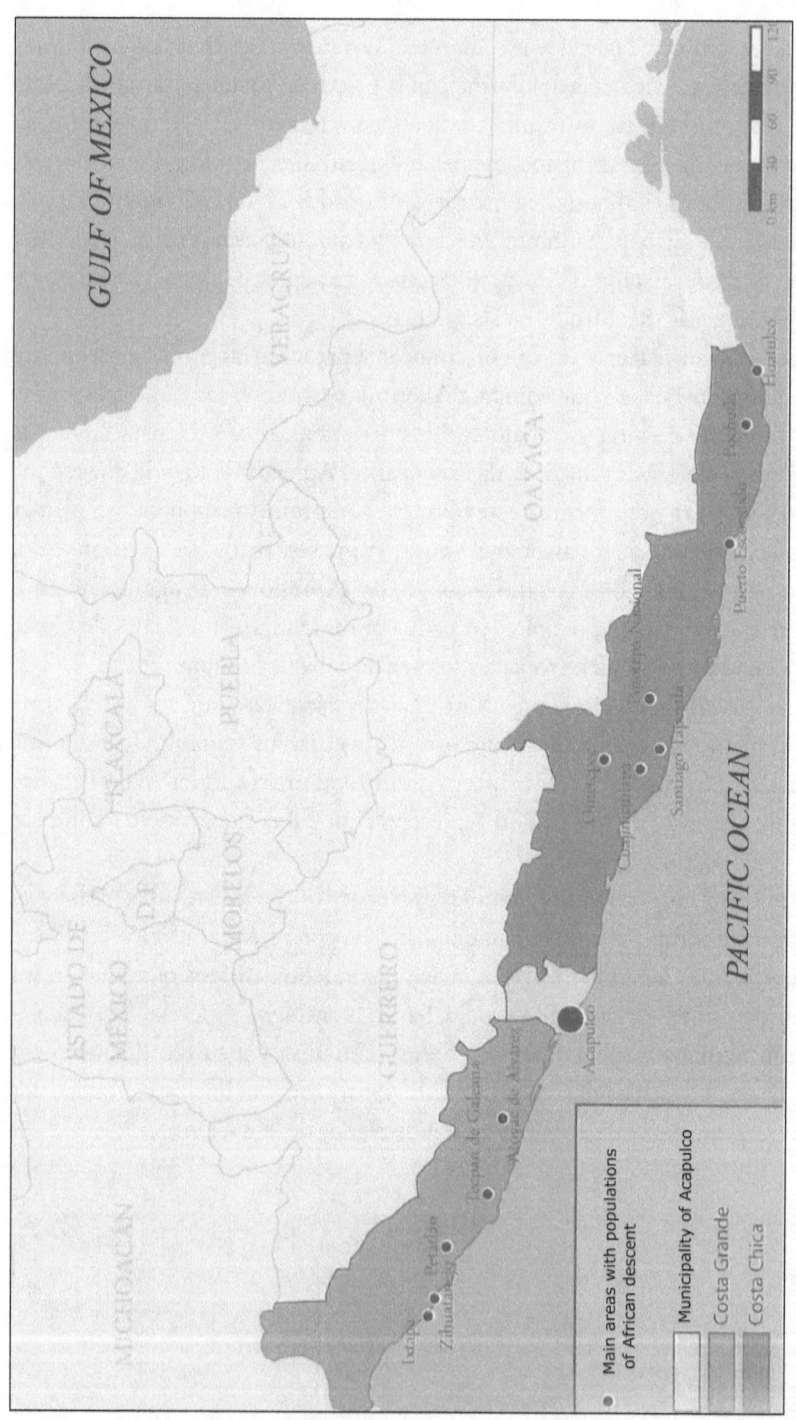

Figura 8. Mapa de México en el que se ve Acapulco, Costa Grande y la zona conocida como Costa Chica. No aparecen todos los pueblos con población negra. Adaptado de *Afrodescendientes en México*, con el amable permiso de María Elisa Velázquez.

Introducción

In the nations of Latin America, people of African ancestry are an estimated one-quarter of the total population. The former plantation zones of Latin America were powerfully and irrevocably shaped by the presence of Africans and their descendants. [Se estima que en los países latinoamericanos las personas de ascendencia africana constituyen un cuarto del total de la población. Los lugares de Latinoamérica que fueron plantaciones quedaron marcados poderosa e irrevocablemente por la presencia de africanos y sus descendientes.]
—George Andrews, *Afro-Latin America*

En los primeros años del siglo XXI, casi 500 años después de la Conquista, es sorprendente que tanto mexicanos como extranjeros aún se asombren al constatar la presencia africana en México.
—Ben Vinson III y Bobby Vaughn, *Afroméxico*

Ya en el año 1810, el gobierno mexicano dejó de incluir la agrupación por etnias en los datos censales (Muhammad 1995). A pesar de este intento decidido de contrarrestar las percepciones de heterogeneidad étnica en México, las evidencias continúan refutando las afirmaciones de homogeneidad. De hecho, desde hace dos décadas los investigadores vienen produciendo una creciente cantidad de material en el marco de diversas disciplinas, tales como la antropología, el cine, la música, la danza y los estudios culturales, que confirma que la identidad cultural y racial mexicana no es ni fija ni homogénea. El historiador George Andrews (2004, 7) sostiene enfáticamente esta postura al declarar que México es una sociedad multirracial basada en la experiencia histórica de la organización en torno al sistema de plantaciones. Esta y otras afirmaciones similares continúan desestabilizando la caracterización oficial de México como un país que ha sido construido a partir de un proceso de mestizaje o blanqueamiento racial y cultural de todos los grupos étnicos.

Los negros en el período precolombino y de la conquista en México

Ivan Van Sertima (1992) sostiene que los egipcios y los nubios llegaron a México alrededor del siglo XIII. Como fundamento de esta audaz afirmación destaca las sorprendentes similitudes entre las cabezas olmecas de La Venta, Tabasco y San Lorenzo y la cabeza del rey Taharqa, un gobernante nubio kushita del antiguo Egipto, así como el parecido entre todas estas con rasgos visibles de tribus africanas. Sumado a esto, Van Sertima (1992) señala el descubrimiento de una cabeza colosal de negro en granito en 1862, en el cantón de Tuxtla. De hecho, este descubrimiento llevó al reconocido historiador mexicano Manuel Orozco y Berra a escribir acerca de la inexorabilidad y la certeza de una conexión africana-mexicana precolombina (Van Sertima 1992, 24).

Sin duda, los negros han tenido un papel fundamental en México desde el siglo XVI. De acuerdo con Patrick Carroll (2001, 26) participaron virtualmente en cada una de las grandes avanzadas hacia la colonia. El célebre antropólogo mexicano Gonzalo Aguirre Beltrán estableció en su libro *La población negra de México 1519–1810* (1972) que la importación de negros a México comenzó con Hernán Cortés en 1519 pues fue él quien trajo a Juan Cortés, el primer esclavo africano. Luz Martínez Montiel (1992, 41) también apoya esta idea al afirmar que la introducción de los primeros esclavos africanos en México comenzó con la expedición que condujo el conquistador Cortés. Otros historiadores también coinciden en que el 21 de abril de 1519, cuando Hernán Cortés desembarcó por primera vez en Veracruz, los trescientos africanos o ladinos[1] que acompañaban a su equipo de conquistadores durante las expediciones fueron los primeros africanos que pusieron pie en México. Los negros que acompañaban a Hernán Cortés y Pánfilo de Narváez eran considerados auxiliares y "esclavos personales" (Herrera Casasús 1991). A pesar de que los historiadores, en la mayoría de los casos, han tratado a los africanos como auxiliares en la misión española de la conquista de México, la cantidad y la presencia de estos hicieron que el grupo de la conquista fuera formidable, al tiempo que su participación activa contribuyó a que los españoles sojuzgaran a los nahuas y posteriormente conquistaran Tenochtitlán y la bautizaran con el nombre de Ciudad de México (Herrera Casasús 1991, 16). Se puede sostener, entonces, que la conquista de Tenochtitlán no es exclusivamente atribuible a los españoles. Más bien, estos consiguieron sus victorias con el apoyo forzado de los negros. A pesar de la contribución que hicieron a la conquista española de México, los negros no estuvieron al mismo nivel destacado que los españoles, sino que quedaron relegados a una posición inferior. Los españoles tampoco les agradecieron, no los reconocieron como merecían y ni siquiera los mencionaron brevemente en la historia de los conquistadores. En cambio, la única retribución que les otorgaban a los africanos después de las grandes batallas luchadas (Bennett 2005, 15) eran cargos como criados, soldados, ayudantes de botín, o se les concedía la libertad e incluso ocasionalmente una encomienda.[2] Esto funcionaba como incentivo para que los negros se enlistaran en futuras expediciones en busca de la fama y la gloria.

Los africanos eran considerados ayudantes de los españoles en sus planes de ocupación y colonización. La ocupación tuvo lugar con el asentamiento de grupos de conquistadores y nuevas migraciones hacia México. La intención de la Corona española y la Iglesia era "civilizar" a los indígenas para hacerlos más sumisos al control español. Durante el establecimiento gradual de la ocupación española, surgió la necesidad de una forma de conquista más pacífica que se hizo efectiva a través de la evangelización. Sin embargo, los negros (ladinos) que acompañaban a los conquistadores no eran ajenos al cristianismo pues habían sido introducidos al catolicismo en España antes de su llegada a México. Esto se había hecho con el fin de consolidar la unidad religiosa necesaria para la aculturación española. El hecho de que también demostraran familiaridad con la lengua castellana (Aguirre Beltrán 1972, 157) dio más razones para creer que los africanos habían sido exitosamente convertidos antes de su llegada al Nuevo Mundo. Por lo tanto, la evangelización y la adquisición del español fueron consideradas indispensables para la integración de los negros a la cultura colonial española.

Cuando llegaron a México, los españoles encontraron grandes diferencias religiosas y culturales en las prácticas de los grupos indígenas y se vieron obligados a eliminarlas mediante la evangelización. Las interacciones entre españoles y ladinos durante el período de la conquista significaron para estos últimos una mejor posición y "fluidez social", pero una vez que España estableció su dominación sobre Nueva España esta familiaridad se volvió prescindible.³ De este modo, algunos negros como Juan Cortés y Juan Garrido que habían sido aliados de los españoles durante la conquista de México, posteriormente fueron relegados a una posición inferior en la jerarquía social. Con la llegada de un mayor número de esclavos africanos o bozales,⁴ el término "africanos" se volvió sinónimo de "esclavos" y, como resultado de esto, se llegó a considerar esclavos a todos los negros.

El pequeño grupo de negros de África occidental con quienes los españoles llevaron a cabo la conquista de la zona central de Veracuz recibió un lugar inferior al de los ladinos en la escala social tras su inserción en la sociedad mexicana. Patrick Carroll (2001, 80) afirma que esto se debió a su identificación afroétnica en el orden social colonial recientemente instaurado.

Los negros en el México colonial

El traslado de africanos esclavizados a México y el aumento de esta práctica en el siglo XVI, junto con la reproducción de la idea de la inferioridad de los negros por parte de los españoles, constituyeron actos de venganza y aniquilación psicológica tras el derrocamiento de los moros en la Península Ibérica. Los moros eran africanos y habían ocupado la Península Ibérica; por lo tanto, su derrota fue considerada un castigo. De acuerdo con Ben Vinson III (2004, 24), la ocupación de los moros (711–1492), durante la cual estos gobernaron grandes extensiones de la península, dio lugar a relaciones internacionales directas y abiertas entre África y España, tanto en el plano militar como económico. España recibió la ayuda de Portugal en la guerra de Granada, en la que los moros fueron derrotados, y recuperó el poder y la libertad. España y Portugal, aliados militares en la guerra y aliados económicos, posteriormente consolidaron sus fronteras durante toda la reconquista en el siglo XV (ibid., 25).⁵

La necesidad de mano de obra en Nueva España, que dio como resultado el inicio del comercio de esclavos africanos, fue impulsada tanto por factores demográficos como económicos. Al principio de la conquista, los indígenas fueron esclavizados y distribuidos entre soldados y colonos. La extinción casi total de la población indígena por la explotación y la importación de enfermedades epidémicas desde Europa tuvo como resultado una reducción de la mano de obra. En consecuencia, los planes de expansión de los españoles se vieron severamente entorpecidos. Bartolomé de las Casas declaró en el año 1511 que se necesitaban africanos para reemplazar al indio que estaba siendo exterminado; se había llegado a la alarmante cifra de cuatro millones en los primeros doce años de la conquista (Muhammad 1995, 164).

Los negros fueron elegidos para llenar el vacío creado a partir de esta caída, a medida que aumentaba la necesidad de mano de obra (Vaughn 2004, 76). Se los consideraba más fuertes y más aptos que los indios, en particular, para el trabajo en la mina y la industria azucarera. Aguirre Beltrán (1972, 156) afirma que "el indio considerado flaco y débil fue aliviado de la carga que pesaba sobre sus hombros a costa de los hombres de ébano". La preferencia por la mano de obra africana se debió, por lo tanto, a la presunta fuerza y diligencia natural que los hacían más atractivos, teniendo en cuenta que la productividad de un negro equivalía a cuatro veces la de un indio (Muhammad 1995, 165). Eric Williams (1994, 9) también confirma esta opinión de la superioridad y la fuerza física de los negros, al citar un episodio ocurrido en el año 1518 en el que un oficial español solicitó el reclutamiento de negros porque los consideraba robustos para el trabajo, en lugar de nativos que son tan débiles que solo pueden ser empleados en tareas que demanden poca resistencia, como el cuidado de los campos de maíz o las granjas. Posteriormente, hubo una importación masiva de esclavos negros a México para satisfacer las crecientes necesidades en las minas y las plantaciones. De acuerdo con Carroll (2001), se estima que entre los años 1521 y 1639 se trajo el cincuenta por ciento del total de esclavos al hemisferio occidental. Andrews (2004, 16) sintetiza esto en su libro cuando afirma sucintamente que las sociedades y las economías latinoamericanas dependían en gran medida de la mano de obra esclava.

El tráfico de africanos esclavizados a México

La participación de México en el tráfico de africanos esclavizados fue tan vasta que superó la de otras colonias. Algunos investigadores como Carroll (2001, 26) aseguran que México necesitaba una gran cantidad de esclavos, pero independientemente del esfuerzo que hicieran los gobernantes africanos, estos no podían satisfacer la necesidad de esclavos que tenía México.[6] Los traficantes europeos se vieron obligados a evitar las negociaciones con los reyes del Congo y recurrir a otros medios de adquisición de esclavos más económicos y rentables. Los líderes del interior, más ambiciosos que escrupulosos, terminaron siendo la fuente de esclavos (Carroll 2001). Al destacar el vigoroso tráfico de esclavos que México desarrolló para satisfacer la demanda de mano de obra, Andrews

(2004, 17) afirma que durante el primer siglo de la colonización (1520–1620), mientras la población indígena disminuía de diez o doce millones a menos de un millón, los dueños de esclavos a nivel local importaron aproximadamente ochenta y seis mil africanos. Luego, durante el siglo XVIII, a medida que la población indígena comenzaba a recuperarse y llegaba a unos tres millones en el año 1800, la importación de esclavos cayó a menos de veinte mil, a pesar del rápido crecimiento económico y la demanda creciente de trabajadores.

Durante el período de la esclavitud, se promovió el mestizaje como una herramienta de expansión de la población en áreas casi despobladas. Sin embargo, el ritmo exponencial con el que africanos e indígenas se mezclaron luego generó temor entre los españoles e hizo que estos impusieran restricciones en las relaciones sexuales entre ambos grupos. Amenazadas por un aluvión de matrimonios mixtos, las autoridades españolas pronto declararon ilegales las relaciones exogámicas. Los funcionarios españoles emitieron decretos legislativos para establecer parámetros que determinaran la estratificación y el ordenamiento jerárquico de la sociedad mexicana del siglo XVI (de 1530 a 1560 aproximadamente) sobre la base de la religión católica. La demarcación establecida entre la sangre española y la de "los otros" aseguraba la subordinación de los africanos y sus descendientes. David Davidson (1973, 84–85) postula que estas leyes de castas (impulsadas básicamente por la realeza) tenían la intención de precisar privilegios y "limitaciones" en relación al lugar de los esclavos en la sociedad. La Iglesia también cumplía un papel político al sostener que, según los principios y las prácticas cristianas, la esclavitud era aceptable. Sin embargo, también se puede argumentar que la Iglesia estaba muy interesada en contribuir a que el suministro de mano de obra fuera seguro y constante, y manifestó su preferencia por los responsables de la esclavitud.

A pesar de las restricciones impuestas al mestizaje, las relaciones entre africanos e indígenas persistieron y, para el desagrado de los españoles, su descendencia híbrida continuó multiplicándose. El sistema de castas se introdujo para clasificar a la población nacida a partir de relaciones entre indígenas y africanos. Se reforzó la percepción de los africanos como sujetos no susceptibles de una condición social aceptable ni de una etnicidad adecuada. Miembros de la Iglesia como los sacerdotes imponían la separación entre estos grupos sociales. Entre sus tareas estaba llevar el registro y el archivo de los nacimientos y los casamientos para los municipios y las ciudades.

Relaciones raciales en el período colonial

La denigración de los negros durante la esclavitud y la colonización ocurría tanto a nivel físico como psicológico. Los diversos modos en que los despreciaban enfatizaban la percepción muy negativa que los españoles tenían de ellos. Esto se traducía en innumerables epítetos con que los españoles se referían a los negros: "mala raza", "gente sin razón" y "gente de mala sangre". Algunos investigadores como Jameelah Muhammad (1995, 167) plantean que se representaba a africanos y mulatos de manera negativa para justificar la brutal opresión a la que eran habitualmente sometidos. De acuerdo con Edith Sanders (1969), estas falsas ideas respondían a la larga tradición de usar un argumento basado en la constitución genética de la raza negra, según el cual las personas negras eran "pecadoras" y su descendencia "degenerada". El color de la piel y otras características físicas como el cabello negroide eran considerados indicios de que estaban condenados a "la fornicación y el robo" eternos y establecían un marco para que fueran vistos como indeseables (p. 522). Los negros en México no estaban exentos de estas afirmaciones engañosas y sufrían las consecuencias de la percepción que se tenía de ellos como personas naturalmente diabólicas.

En consecuencia, los esclavos negros del México colonial no gozaban de libertad religiosa ni de libertad para practicar sus propias costumbres ni tradiciones africanas. Los españoles dueños de esclavos estaban completamente en contra de las religiones afromexicanas y las prácticas culturales asociadas a creencias folklóricas africanas, a las que clasificaban como brujería, hechicería y sortilegio. Además, existía poca protección para los negros en los tribunales debido a las restricciones y limitaciones legales a la libertad de expresión de los esclavos, aún cuando tuvieran razón. En un buen artículo de investigación titulado "Los patrones de integración y el proceso de asimilación de los esclavos negros en México", Martínez Montiel (1992, 452) subraya la rigidez de las leyes que ordenaban penas severas para cualquier esclavo que "siquiera intentara protestar verbalmente contra su dueño".

Cimarronaje, rebelión y movimiento de independencia

Desde 1522 aproximadamente, tres años después de la conquista de Tenochtitlán (Ciudad de México), los negros huyeron de sus amos y fueron encontrados deambulando por la región de los zapotecas (Aguirre Beltrán

1972, 205). Hubo esclavos que iniciaron una vida de cimarronaje ante las duras condiciones de trabajo en las minas y las haciendas. Según se afirma, dos mil esclavos que en aquel momento representaban un décimo de esta población huyeron a las montañas en 1579 (Davidson 1973, xiv). En 1609, la comunidad cimarrona de Yanga fue la primera que luchó por tener un gobierno propio y el derecho a ser propietarios de tierras. El guerrero cimarrón Yanga (conocido también como el príncipe Ñaga) encabezó las negociaciones de concesión con el representante de la Corona y obtuvo derechos y privilegios sobre la tierra para su pueblo cimarrón, San Lorenzo de los Negros, posteriormente rebautizado Yanga.[7] En 1609, Yanga se convirtió en el primer pueblo libre, no solo de México, sino de todo el continente americano (Martínez Montiel 1992, 452).

A pesar de que Yanga es considerado el palenque mexicano más famoso que aún existe, su población afromexicana es prácticamente nula en la actualidad. Esto se debe, por un lado, a que la mayoría de sus habitantes se trasladaron al pueblo vecino de Mata Clara y, por el otro, a la mezcla racial (Muhammad 1995, 167). Carroll (2001, 490) sostiene que a diferencia de los cimarrones ecuatorianos de Esmeraldas que fueron absorbidos, pero nunca conquistados y, por lo tanto, consiguieron mantener un poco de independencia, cohesión y un carácter distintivo, Yanga sufrió una "muerte" prematura debido a la rápida disolución racial. Después de que la comunidad cimarrona de Yanga fue ascendida a la categoría de pueblo en 1609, se formalizaron iniciativas conjuntas entre el gobierno colonial y Yanga para recapturar a los esclavos fugitivos y, en consecuencia, el pueblo recibió responsabilidades militares plenas (Vinson III 2001, 22). Esta comisión militar era una herramienta ofensiva para los españoles. Fue acordada porque implicaba un doble beneficio: en primer lugar, la experiencia de los cimarrones era crucial para combatir las actividades sediciosas y descubrir escondites o fuertes, dada la familiaridad de este grupo con tales escenarios o terrenos; y en segundo lugar, se dispusieron los medios y el contexto para aculturar a los cimarrones como ciudadanos serviciales en una sociedad colonial (Vinson III 2001, 22). Su colaboración con este plan y su posterior desviación de la estricta preservación de la identidad y la etnicidad africana, acabaron en una fusión racial con el resultado de que se convirtieron en racial y étnicamente indistinguibles de otros asentamientos que poblaban el área, luego de unas pocas generaciones (Muhammad 1995, 166). Sin embargo, hay otras comunidades afromexicanas que no tuvieron la misma suerte que Yanga, como se verá en un análisis posterior.

Los negros de México se rebelaron constantemente contra la opresión que padecían en el sistema colonial hasta que finalmente este se desmoronó. La persistente discriminación y segregación que sufrieron influyeron en su participación en la guerra de independencia, dado que eligieron luchar por la igualdad social, económica y política y por oportunidades y reconocimiento igualitarios para los afromexicanos como parte de la nación. Los enfrentamientos comenzaron con la rebelión de Hidalgo en 1810 y finalmente llegaron a las plantaciones de esclavos de Veracruz. Se alentó a los esclavos a huir de las plantaciones y unirse a los rebeldes que luchaban contra el dominio colonial (Andrews 2004, 58).

Sin duda entonces, la independencia mexicana se logró con la colaboración de los negros que lucharon en la Guerra de la Independencia para ayudar a liberar el país del opresivo mandato colonial. Los negros se sumaron de inmediato a la revolución porque la consideraban una manera de acabar con la esclavitud y, también, de lograr la independencia nacional. Entre los independentistas negros estaban Vicente Guerrero, popularmente conocido como "El Negro Guerrero", que luego se convirtió en presidente de México; y José María Morelos que fue un general de la Guerra de Independencia. Los estados mexicanos de Guerrero y Morelos fueron rebautizados en honor a estos dos negros mexicanos.

La lucha por la independencia también fue una lucha por acabar con el sistema de castas y establecer la igualdad racial. En Latinoamérica el primer reclamo para acabar con las leyes de castas lo hizo Miguel Hidalgo en México, que fue ejecutado en 1811 tras encabezar un levantamiento. José María Morelos luego asumió el mando de la rebelión, declaró su compromiso con la igualdad racial, la reforma agraria y la abolición de la esclavitud y encabezó un grupo de rebeldes contra las tropas españolas. Tras su ejecución en 1815, Vicente Guerrero continuó la guerra de guerrillas y finalmente logró hacer un sorprendente acuerdo con las autoridades españolas para que se derogaran las leyes de castas.

La lucha por la independencia de España iniciada por los negros, más tarde quedó a cargo de las élites criollas que tomaron las riendas en el tramo final de ese viaje y se atribuyeron la gloria de los logros obtenidos una vez que esa independencia fue alcanzada. Carroll (2001, 153) afirma expresamente que las élites les hicieron concesiones limitadas a los que no eran blancos; apenas reconocieron algunos de los logros que estos últimos habían obtenido en los períodos intermedio y final de la colonia. El clima posterior a la independencia presentaba una mayor incertidumbre en relación a la movilidad de los negros y más inclinación hacia una mayor igualdad social de los sectores medios (ibid.). Por consiguiente, los negros que no tenían derecho a votar, recibieron este derecho junto con la posibilidad de ser elegidos para cubrir cargos públicos, como muestra de rechazo a las desigualdades justificadas racial y étnicamente durante el sistema colonial (Carroll 2001, 131).

En 1824, los negros libres y la milicia mulata apoyaron a Guerrero para que llegara a la presidencia. Guerrero y sus partidarios tenían recuerdos amargos de las leyes de castas españolas, los recaudadores de impuestos españoles y el control español del comercio mayorista y minorista (en gran medida sostenido por las leyes de castas). Una vez en el poder, Guerrero firmó decretos que ordenaban la expulsión de todos los españoles de México, abolían la esclavitud y prohibían la importación de bienes que compitieran con los de los artesanos locales. Guerrero provocó la indignación de los sectores conservadores que exigían "la muerte del negro" y finalmente fue ejecutado (Andrews 2004, 94).

El México posindependentista fue testigo de pocos cambios en la esfera socioeconómica. El esclavo recientemente liberado seguía sometido a la voluntad de su ex amo y a un estado de inestabilidad que se manifestaba en resentimiento y hostilidad hacia él. Sin educación ni formación formal, sin recursos económicos ni seguridad e incapaces de encontrar trabajos adecuados, los negros se vieron cada vez más dependientes y condenados a la servidumbre. Muchos buscaron permanecer como sirvientes de sus viejos amos. María Luisa Herrera Casasús (1991, 130) declara enérgicamente: "El antiguo esclavo sin instrucción, sin educación, carente de tierras y de medios económicos, se sujetó voluntariamente a sus antiguos amos por un sueldo exiguo o por limosna a la que iba añadido el rencor de su amo." Además, el legado de las leyes de castas seguía influyendo en la manera en que se trataba a los negros, a pesar de que la esclavitud estaba abolida.

Durante décadas, después de la Revolución Mexicana de 1910, los afromexicanos fueron excluidos del discurso oficial acerca de la nación. Esto fue principalmente resultado de los esfuerzos de José Vasconcelos Calderón, ministro de educación de México de 1921 a 1924, quien reforzó los planes existentes destinados a borrarlos de la historia del país. Miguel Alberto Bartolomé (1997, 27) afirma que "fue después de la Revolución de 1910 cuando la represión de la pluralidad cultural se hizo más intensa, a pesar de la exégesis retórica del pasado indígena. Se suponía que la homogeneización cultural era una condición necesaria para la configuración de una nación moderna." El famoso ensayo de José Vasconcelos Calderón (1925) "La raza cósmica: misión de la raza iberoamericana" fue clave para las formulación de la identidad nacional mexicana posrevolucionaria y moderna que apuntaban a la homogeneización de todas las etnias bajo la ideología del mestizaje. La idea del mestizaje rechazaba la existencia de diferentes razas en México y postulaba que el verdadero mexicano era mestizo. Desde el punto de vista de Vasconcelos (1925), el mestizo era parte de "la 'raza cósmica', síntesis de todas las existentes, llamada a detentar la supremacía mundial en el futuro y que por lógica debía ser el grupo rector y referencial en el proceso de construcción nacional" (Bartolomé 1997, 28). En declaraciones estremecedoras, Vasconcelos (1925, 32) afirma: "El indio, por medio del injerto en la raza afín, daría el salto de los millares de años . . . y en unas cuantas décadas de eugenesia estética podría desaparecer el negro junto con los tipos que el libre instinto de hermosura vaya señalando como fundamentalmente recesivos e indignos." De manera visible, los mexicanos negros fueron abandonados y dejados en áreas remotas del país mientras un discurso popular divulgaba el mito de que finalmente habían sido totalmente diluidos y absorbidos. Algunos incluso declaraban que "las características físicas del negro han desaparecido" (Del Toro 1921, 8). Este mito se volvió tan dominante que ocultó la heterogeneidad mexicana al punto que hasta los mexicanos visiblemente negros y descendientes de grupos indígenas aceptaron la ideología del mestizaje y aparentemente acabaron sin conciencia de raza o de sí mismos como negros o indígenas.

Tal como sostiene Marco Polo Hernández Cuevas (2004, 4): "En México, el discurso de nación fomenta la exclusión del negro. Adultera la memoria y provoca que los retoños de los negros, cautivos de la ideología blanqueadora, por lo regular no sean capaces de reconocerse sino como descendientes de españoles e indios; y precisamente en tal orden." El pueblo de origen africano permaneció en una oscuridad y un abandono lamentables hasta la década de 1940, cuando el antropólogo mexicano Aguirre Beltrán llevó a cabo una investigación sistemática de las comunidades de este origen en Costa Chica, entre los estados de Guerrero y Oaxaca, en la costa sur del Pacífico en México. Los estudios de Aguirre Beltrán rompieron el mito de que el pueblo de origen africano había sido borrado de la historia de México mediante procesos como el matrimonio interracial. Dichos estudios mostraron, además, que a pesar de que los censos poblacionales ya no documentaban su presencia, aún existía un grupo de afromexicanos definido. El primer trabajo de Aguirre Beltrán, *La población negra de México* (1946), en un principio, fue bien recibido. Sin embargo, a pesar de su éxito inicial, el libro no generó interés en el estudio del rol histórico de los negros en México, hecho que Aguirre Beltrán lamenta en el prólogo a la segunda edición de su libro en 1972. En contraste con las investigaciones subsidiadas por el Estado acerca de las condiciones de los grupos étnicos amerindios, el legado afromexicano no fue tema de investigación central para el gobierno hasta los años 1980 y 1990.

A partir de las décadas de 1980 y 1990, un grupo de personas, principalmente académicos mexicanos y extranjeros, también cuestionaron documentos engañosos de historiadores anteriores. Estos habían intentado demostrar que los grupos étnicos no blancos de México comprendían principalmente a los mestizos, "la raza mixta" y que pronto se completaría la transición y "así todos llegarán a ser blancos" (Molina Enríquez 1909, 345). En el primer grupo se encuentran Luz María Martínez Montiel, Colin Palmer, Jameelah Muhammad, Adriana Nariela, Patrick Carroll, Herman Bennett, Guadalupe Casteñón, Carlos Paredes Martínez, Luz María Velásquez, Ben Vinson III, Bobby Vaughn, María Elisa Velázquez y Gabriela Iturralde Nieto.

Una consecuencia importante de la insistencia de Aguirre Beltrán (1972) en la idea de que el mestizaje no había hecho "evaporar" a los negros fue que la Dirección General de Culturas Populares diseñó varios proyectos de investigación cuyo objetivo fue promover el estudio de numerosas comunidades afromexicanas y preservar aquellos aspectos de la cultura que estas todavía conservaban. Estos proyectos se difundieron especialmente en las décadas de 1980 y 1990, período durante el cual se grabó *Traigo una flor hermosa y mortal*, un disco de corridos afromexicanos cantados por una banda afromexicana; se escribieron *Los cimarrones* y *Jamás fandango al cielo*, una colección de relatos folklóricos afromexicanos; y más tarde, se publicó *Alma cimarrona* (1999), una colección de coplas, décimas y otros poemas. Los intentos de interesarse por estas manifestaciones artísticas se han vuelto más frecuentes, ante la evidencia de que la sociedad afromexicana está amenazada. El nivel de participación de la comunidad indica que, a pesar del sistema de mestizaje totalizante y la cultura eurocéntrica de México, los afromexicanos han mantenido su legado de diversidad.

Los negros en el México contemporáneo

A pesar del papel que tuvieron en la liberación de México, su participación en el desarrollo del país y otras contribuciones sociales y culturales, los afromexicanos siguen siendo excluidos, dado que los gobiernos mexicanos no los reconocen como parte integral de la nación. Los afromexicanos tienen acceso limitado a las instituciones públicas y pocas oportunidades para participar en los procesos políticos del país. La posición oficial de México sigue siendo que los afromexicanos han desaparecido a lo largo de la historia a través de un proceso de mestizaje sistemático. Aún más desconcertante es la percepción que los mexicanos tienen sobre la presencia de los negros en su país. Colin Palmer (1990, 1), en un contundente artículo titulado "Africa's Legacy in Mexico: A Legacy of Slavery" [El legado de África en México: un legado de esclavitud], luego de una visita a México en 1990, reveló que muchos mexicanos tienen la impresión general de que México nunca había traído esclavos de África. Sin duda, esta amnesia en relación al pasado histórico de México, les niega a los negros mexicanos una participación y un lugar en el país. Es realmente irónico y lamentable que para muchos mexicanos la historia de una porción de su sociedad, que ha tenido un papel tan central en la construcción del país desde la época de los conquistadores, apenas se pueda identificar.

En 1989, el gobierno mexicano lanzó un programa nacional llamado Nuestra Tercera Raíz a través del Consejo Nacional para la Cultura y las Artes, con el propósito de reconocer a África como la tercera raíz mexicana. En el marco de este programa, se realizaron estudios sobre la esclavitud en el continente americano, las tradiciones orales y musicales, las creencias religiosas, la medicina tradicional y los códigos estéticos de las personas de ascendencia africana. El programa también resaltó las actividades culturales en comunidades donde subsisten manifestaciones culturales específicas del pueblo de origen africano, con el objetivo de reconocerlas como un elemento constitutivo de la identidad natural y darles un lugar y estímulo (CERD 1965, 2). Sin embargo, a pesar de las variadas actividades de promoción lanzadas por el Ministerio de Asuntos Exteriores y los informes presentados conforme al artículo 9 del Comité para la Eliminación de la Discriminación Racial, de las Naciones Unidas, en el año 2006 todavía no había estadísticas oficiales de las comunidades afromexicanas. Además, en el año 2010, el Instituto Nacional de Estadística y Geografía todavía exploraba la posibilidad de incluir a las personas de ascendencia africana en México como una categoría. Esto significa que el programa Nuestra Tercera Raíz tuvo muy poco éxito, dado que todavía en el siglo XXI, las estadísticas siguen sin documentar la presencia de los negros.

Así es como uno se pregunta si el programa tenía en realidad motivaciones políticas o si se inició simplemente para satisfacer la exigencia de las Naciones Unidas de acabar con la discriminación a nivel mundial. En noviembre de 2003, el Ministerio de Educación de México también lanzó un proyecto multicultural. De allí surgieron emisiones televisivas por canales gratuitos y canales satelitales públicos destinadas a resaltar la diversidad lingüística, cultural y racial de México. Estos programas terminaron en 2006. En la actualidad, la gran mayoría de los mexicanos ignoran el reconocimiento oficial a los aportes que los afrodescendientes hicieron a la cultura mexicana. Quienes son conscientes de estas contribuciones, solo saben que a los negros se les reconoce haber hecho aportes en algunos aspectos de la cultura nacional, pero persiste una falta de conocimiento general de la existencia actual de personas de origen africano en el país.

Condiciones de vida indignas

Diversas visitas de antropólogos y otros académicos a la región de Costa Chica han confirmado las condiciones de pobreza en las que han vivido los negros mexicanos durante décadas. En la década 1940, Aguirre Beltrán (1946) llevó a cabo una investigación que reveló la ausencia de instalaciones y personal médico así como tasas de mortalidad de mujeres y niños extremadamente altas por enfermedades como la epilepsia y la diarrea en comunidades afromexicanas remotas (p. 180). En la actualidad, algunos cambios son evidentes, pero no a una escala significativa. Jonathan Roeder del periódico *Miami Herald* escribió, en octubre de 2007 en un artículo revelador titulado "Mexico's Blacks Struggle to Unite, Thrive" [Los negros de México luchan por unirse y prosperar], que los municipios ocupados por los afromexicanos son los más pobres del país, no tienen agua potable ni calles pavimentadas y tienen altas tasas de analfabetismo.

En una entrevista memorable, el padre Glyn afirmó que hubo algunos cambios desde la década de 1980, dado que se ha prestado un poco de atención al desarrollo de los servicios sociales en las áreas ocupadas por los negros.

Glyn cita como ejemplo de esta mejora, la apertura del Centro de Salud con un médico residente en El Ciruelo en 1984, la creación de la primera escuela secundaria en el mismo pueblo en 1986 y la pavimentación de la ruta que conecta a este pueblo con la costa. Sin embargo, a pesar de estos pequeños logros, en el siglo XXI la región en gran medida sigue abandonada y la mayoría de las calles están aún sin pavimentar. Las condiciones indignas en las que los afromexicanos siguen viviendo fueron también expuestas por Archibold (2014), quien observa que "el aislamiento de las comunidades afromexicanas, cualesquiera que sean las razones, ha dejado a muchas de ellas con escuelas, calles y servicios decrépitos, una pobreza extrema y un olvido que ha engendrado resentimiento". Lo cierto es que en mis propias visitas a muchas de estas comunidades, he constatado la extrema pobreza y las condiciones de abandono y carencia insostenibles en las que los negros continúan viviendo en Costa Chica.

Los afromexicanos en el panorama político de México

En el discurso político mexicano se ha manifestado preocupación, tanto consciente como inconscientemente, por la exclusión y el desprecio hacia los negros. De hecho, las reivindicaciones de homogeneización en México son, en realidad, estrategias políticas diseñadas para excluir a algunos grupos con el pretexto de la "armonía racial" y la unidad nacional. En efecto, los negros son generalmente eliminados de la participación en la formación política de México, por burócratas del gobierno y otras personas que los consideran inadecuados para cubrir cargos políticos. Los afromexicanos carecen de reconocimiento, representación, liderazgo y participación en las instituciones políticas, económicas y educativas de su país. Mientras que los grupos indígenas han recibido atención y apoyo nacional e internacional, las voces de los afromexicanos en general no se han escuchado (Muhammad 1995, 178).

El Partido Revolucionario Institucional, liderado por René Juárez Cisneros, incentivó a una gran cantidad afromexicanos del estado de Guerrero en la Costa Chica a afiliarse al partido en 1999. Irónicamente, el propio Cisneros nunca reconoció sus vínculos afromexicanos. Cuando participó en las elecciones a gobernador, a pesar de ser negro y de tener lazos ancestrales, apellido y rasgos físicos africanos, nunca hizo referencia ni a su color de piel ni a su origen étnico. Vaughn (2004, 89) afirma expresamente:

En México nunca hubo un dirigente político nacional o estatal que se definiera como negro. Es significativo, entonces, que en 1999 se eligiera como gobernador del estado de Guerrero a un afromexicano de Acapulco, René Juárez Cisneros, del entonces oficial Partido Revolucionario Institucional. A juzgar por sus fotografías en los carteles de campaña y en los sitios web oficiales, el gobernador tiene características físicas similares a las de cualquier moreno de la Costa Chica y su apellido, Cisneros, también apunta a su herencia afromexicana.

A Cisneros se le atribuía haber expresado reiteradamente su preocupación por la situación del pueblo indígena, pero nunca mencionó la situación de los negros (Vaughn 2004, 89–90). El antropólogo criticó también que en su campaña electoral, Cisneros aisló a la comunidad negra más grande del estado de Guerrero, Cuajinicuilapa, y ni siquiera visitó ese municipio. Vaughn (2004, 90) afirmó: "La campaña de Cisneros es un ejemplo de cómo un candidato, en su búsqueda del poder político, se alejó conscientemente de su identidad afromexicana y de cómo la vinculación abierta a la negritud constituye un riesgo político y social en la sociedad mexicana de hoy." De manera similar, Randal Archibold (2014) remarcó la ironía de que "los pocos políticos de ascendencia africana elegidos suelen minimizar o negar sus raíces y, mediante el matrimonio mixto que se remonta a los inicios de la esclavitud, es posible que muchos mexicanos desconozcan su legado africano".

Se puede decir que la reticencia de Cisneros y muchos otros políticos afromexicanos con ambicione, a asumir abiertamente su ascendencia africana revela en qué medida también respaldan el indigenismo. El discurso del indigenismo fue el centro de la historiografía mexicana durante décadas, hizo que México fuera considerado una nación principalmente de indios y borró efectivamente a los negros de la conciencia nacional. Dada la amplia difusión de esta filosofía mexicana, cualquier enfoque afrocéntrico hubiera ahogado severamente toda ambición política.[8]

Hacia un nuevo discurso sobre los negros en México

En su rechazo al discurso del indigenismo, Vaughn (2004, 83) cita datos obtenidos de su propia experiencia de vida y también en su amplia investigación:

> Mis entrevistas y la escasa evidencia documental que habla sobre la mezcla racial en la Costa Chica son consistentes en su caracterización de los pueblos de la Costa

Chica como casi totalmente negros. En mi estudio de Collantes no encontré ninguna familia collanteña que identificara un posible linaje indígena, o algún antepasado que hablara un idioma indígena, que llevara ropa tradicional indígena o que proviniera de un pueblo que no fuera negro.

Como demostración de cierta aceptación de que existe una gota de sangre negra en algunos mexicanos y de que el término "indigenismo" excluye a los negros de las consideraciones étnicas del país, algunos académicos mexicanos han aceptado usar el término afromestizo. Sin embargo, este parece seguir abonando la idea de la mezcla de razas que todavía nutre la posición oficial del mestizaje en México. Si bien no se puede negar que, en efecto, hay cierto grado de mezcla racial en México e incluso hacia el interior de algunas comunidades afromexicanas – lo cual es más evidente en unas que en otras – todavía hay personas que son principalmente afrodescendientes. En mis visitas a pueblos como Santo Domingo, El Ciruelo, Tapextla y Punta Maldonado, encontré poblaciones donde las personas son principal o completamente de ascendencia negra. En su repudio al término afromestizo, Vinson III (2004, 57) afirma rotundamente:

> México es el único país latinoamericano en el que algunos académicos todavía se refieren a las personas negras como *afromestizo*. Aunque este término pareciera identificar una característica particular de lo mezclado de los mexicanos negros en la Costa Chica, individuos que se reconocen hoy como negros no exhiben más particularidades de "lo mezclado" que el resto de los negros a lo largo de la diáspora africana. De hecho, las tonalidades en el color de la piel, así como un amplio abanico de fenotipos, son la norma entre los descendientes de los africanos y, en ese sentido, México no es la excepción.

El término afromestizo se utilizará en este estudio como aceptación de la idea de que, contrariamente a lo que se suele creer en México, existen grupos de personas cuya existencia no es resultado del mestizaje que ha diluido por completo su sangre negra. En efecto, en mi estudio el interés recae en los negros descendientes de esclavos que fueron trasladados a México durante el período colonial y que todavía pueden encontrarse a lo largo de Costa Chica de Guerrero y Oaxaca y en una pequeña zona de Veracruz. Me ocuparé principalmente de Costa Chica de Guerrero y Oaxaca.

Además de mi propia investigación y encuentros personales, el padre Glyn Jemmott Nelson, un sacerdote católico trinitense que ha vivido y trabajado entre los afromexicanos durante más de treinta años, aporta uno de los testimonios más potentes de la presencia de personas de ascendencia predominantemente africana en pequeños y remotos pueblos de México. Su trabajo ha ido más allá de los deberes de un sacerdote dado que dedicó muchas horas a tratar de crear conciencia entre los afromexicanos acerca de la condición de persona negra. He tenido varias conversaciones interesantes y esclarecedoras con el padre Glyn, quien conserva recuerdos inolvidables de experiencias compartidas con los mexicanos negros. El padre Glyn explica:

> En 1983 me trasladé a una comunidad indígena, San Juan Teitipac, en el estado de Oaxaca. Luego de un año allí, solicité permiso para trasladarme a Costa Chica en la costa pacífica. Me lo concedieron y pasé los siguientes veintiocho años allí, hasta el año 2012. Durante el primer mes en Oaxaca, para tratar de conseguir más información precisa acerca de dónde estaba ubicada la población negra, viajé allí a echar un vistazo. Estuve un par de días en la zona y ahí mismo decidí que ese era el lugar donde quería vivir y trabajar. Quería permanecer allí y compartir la vida y las luchas de este pequeño rincón de México donde los afromexicanos parecían haber estado escondidos del mundo e incluso de otros mexicanos. Enseguida, el entonces Arzobispo, Bartolomé Carrasco Briseño, estuvo de acuerdo con que me mudara permanentemente a la parroquia de Santiago Pinotepa Nacional en agosto de 1984. Pinotepa Nacional es un pequeño pueblo (de aproximadamente veinte mil habitantes) con una población predominantemente mestiza (55%): entre un 25% y un 30% son indígenas mixtecos y el 15% o 20% restante es afrodescendiente.
>
> Permanecí veintiocho años en la zona de los alrededores de Pinotepa Nacional. En marzo de 1985, me mudé de Pinotepa al pequeño pueblo llamado El Ciruelo, a unos cuarenta kilómetros de allí aproximadamente. El Ciruelo era una comunidad casi enteramente negra. Se encuentra en el centro de lo que es la zona principal poblada por mexicanos negros en el estado de Oaxaca y el vecino estado de Guerrero. Mis tareas pastorales me llevaron a más de diez comunidades completamente negras y, de a poco, comencé a visitar, por diversas razones, más de cuarenta localidades y pequeños pueblos enteramente afrodescendientes que están esparcidos por la zona. Esta zona, conocida como Costa Chica de Guerrero y Oaxaca, está situada al sur de Acapulco y es distinta de Costa Grande que es el área costera al norte de esta ciudad. (Padre Glyn Jemmott Nelson, entrevista personal, 19 de julio, 2013, t.)

Estas pequeñas comunidades negras que el padre Glyn menciona y cuyos nombres son conocidos por todos sus habitantes son:

En Guerrero: Cuajinicuilapa, El Pitarroso, San Nicolás, Montesillos, Punta Maldonado, Maldonado, Buenos Aires, Alto de Barranas, Cerro del Indio, Banco de Oro, El Tamarindo, El Tamaic, El Jícaro, El Vaivén, El Quizá, Cerro de las Tablas, Ometepec, El Capricho, Vista Hermosa, Huehuetán y Juchitán.

En Oaxaca: Collantes, Morelos, La Boquilla, El Chivo, Corro la Esperanza, Santo Domingo, Tapextla, Lo Desoto, Cortijos, La Estancia, La Culebra, Rancho Nuevo, El Callejón, Lagunillas, El Ciruelo, Rio Grande, Santa Rosa y Cerro Hermoso.

Muchos mexicanos de otras partes del país continúan ignorando estas comunidades negras, bien conocidas por el padre Glyn y otros investigadores, tal como lo demuestra la siguiente declaración. Los mexicanos negros dicen que cuando salen de sus comunidades, habitualmente la policía los detiene y acusa de ser inmigrantes ilegales provenientes de Cuba o América Central. Suelen tener que soportar que otros mexicanos curiosos los observen e incluso les toquen el pelo. Esa falta de familiaridad se debe, en parte, a que históricamente para huir de la persecución y la discriminación, la población negra de México nunca se desplazó en grupos numerosos a ciudades grandes. En general, los miembros de la población negra se han mantenido aislados en comunidades dispersas ubicadas en tres estados sureños, Oaxaca, Guerrero y Veracruz (Archibold 2014). Mi propia investigación sobre la cultura y la literatura afromexicana me ha llevado a varios de estos pequeños pueblos con poblaciones predominante o enteramente negras. He tenido el claro privilegio de interactuar con afromexicanos de las comunidades completamente afromexicanas de Santo Domingo, El Ciruelo, Tapextla, al igual que con personas negras y personas de ascendencia mixta en Cuajinicuilapa, San Nicolás, Cerro del Indio, Punta Maldonado y Huehuetán.

La mayoría de los afromexicanos trabajan la tierra para consumo personal. Cultivan acedera, maíz, hortalizas, papaya, sandía, frijoles, pimientos y cacao. Hay unos pocos que están en una posición económica ligeramente más cómoda y son los que crían ganado y producen semillas de sésamo para los grandes exportadores.

Contribuciones culturales

Los afromexicanos han preservado diversos aspectos de manifestaciones culturales derivadas de África, en aquellos estados donde la cantidad de habitantes negros es alta, como Guerrero, Oaxaca, Jalisco, Huasteco, Tabisco y Veracruz (Muhammad 1995, 174). La influencia de la cultura africana en la música mexicana y otras manifestaciones culturales ha sido rastreada por Gabriel Salvador, quien revela el papel crítico que tuvieron los afromexicanos a lo largo de diversas fases del desarrollo del legado cultural del país (Vinson III 2004, 49). Con el paso del tiempo y las producciones culturales que los afromexicanos han ido desarrollando, hubo una transferencia de estilos musicales africanos a la música mexicana tradicional, a la que el musicólogo Rolando Pérez Fernández (1990) consideró "fundamentalmente el resultado de la transculturación entre españoles y negros".

Géneros musicales populares, como el tropical, la chilena y los corridos, que se observan principalmente en Pinotepa y en otras áreas rurales de Costa Chica, le deben gran parte de su conformación a la influencia africana en la diáspora latinoamericana y caribeña. El tropical, o más precisamente, el Acapulco tropical, considerado exclusivo de la región de Acapulco, tiene un ritmo que se caracteriza como africano. Estos géneros musicales son adaptaciones de manifestaciones culturales africanas que fueron introducidas en la cultura mexicana en su conjunto e indican la esencia y el impacto irrefutable de la cultura africana.

Un poderoso género musical, poético y de arte dramático asociado a la preservación de la cultura africana en México es el corrido. El corrido se reconoce generalmente en todo México como una manifestación cultural tradicional asociada principalmente al pueblo de Costa Chica. En cada una de las regiones donde se practica, se ajusta a la estructura tradicional. Sin embargo, Vaughn (2004, 86) asegura que el corrido de Costa Chica se distingue por su tono particular, al que describe como "melancólico, acentuado por el uso de claves menores y por su contenido violento". El corrido se practica comúnmente entre los afromexicanos de comunidades predominantemente negras y se preserva mediante festividades anuales a lo largo de la costa de Costa Chica. Por lo general, se representan hechos locales, como disputas o asesinatos, e incluso se conmemoran experiencias específicas. Muhammad (1995, 174) destaca la importancia del corrido en las comunidades negras de esta región, donde se celebran competencias anuales para presentar los talentos de los corridistas que compiten con baladas cantadas en dialecto afromexicano y una voz narrativa en primera o tercera persona.

El son jarocho es un género musical popular asociado con Veracruz, en particular muy presente en pueblos afromexicanos como El Coyolillo. Tiene una larga historia y le debe sus orígenes a los negros que lo introdujeron durante la esclavitud. En realidad, a los negros se los llamaba jarochos despectivamente durante la época, cuando se consideraba que su apariencia era desfavorable y despreciable. En documentos del siglo XIX hay registros de festividades en las que los negros de Veracruz se reunían en una gran competencia de danza callejera que es la base del jarocho. Irónicamente, el jarocho, manifestación cultural ampliamente asociada a los negros y a las zonas geográficas en las que estos se concentran, es visto solo como un símbolo de identidad regional, independiente de la filiación racial.

La danza de los diablos, la danza de la tortuga y el son de artesa

La danza de los diablos es una de las formas artísticas más aclamadas en las comunidades cimarronas de Costa Chica desde la época colonial. Es muy reputada entre los afromexicanos, en particular en Collantes, donde se baila en el Día de Todos los Santos (Día de muertos), en noviembre. Se trata de la manifestación cultural más famosa de El Ciruelo, Morelos y La Boquilla, en el estado de Oaxaca, mientras que en el estado de Guerrero, está profundamente arraigada en las comunidades de San Nicolás, Lo de Soto y Cuajinicuilapa. Los instrumentos que se emplean en la danza de los diablos son la armónica, la charrasca y la tigrera (Apodaca 2008, 52). La charrasca es una mandíbula de vaca a la que se le aflojan las filas de dientes para que produzcan un sonido poderoso y ronco (bajo) cuando se las frota con un palillo metálico. He observado esta danza enérgica y la ejecución de este instrumento poco común me resultó extremadamente fascinante. La tigrera, también conocida como bote, es un tambor que lleva un cuero de animal tensado en la parte superior, que se frota con un palillo para producir el sonido (ibid.)

En la danza participa un grupo formado por unos veinte bailarines y tres músicos que van por las calles creando una atmósfera de celebración. Los bailarines llevan máscaras que representan espíritus rebeldes que deben ser contenidos y dramatizan la idea de resistencia contra el *statu quo*. Las máscaras de los bailarines generalmente están hechas con cuero animal, cartón y bandas elásticas y están pintadas de acuerdo a las preferencias de cada bailarín o grupo. Curiosamente, tanto algunos corridos como la danza de los diablos tienen mensajes análogos de rebelión y desafío que se proyectan como cualidades admirables. El diablo aparece como una figura venerada que, al mismo tiempo, simboliza la maldad del sistema de esclavitud español. El tema de la rebelión se repite en muchos corridos con la intención subversiva de protestar contra la opresión ejercida por poderosas fuerzas superiores.

La danza de la tortuga es otra representación popular ritualizada en la que los bailarines recrean el maltrato hacia los negros durante la esclavitud. La figura del Pancho representa al capataz y lleva un látigo con el que maltrata a los esclavos negros. Todos los aspectos de esta danza celebratoria y vigorizante son cautivantes y peculiares.

El son de artesa es una danza que los bailarines ejecutan sobre un cajón de madera. Se trata de un cajón tallado en un tronco de ceiba, también llamado guanacaste, un árbol que crece de manera abundante en Costa Chica y se lo reconoce por el enorme tronco que tiene, ideal para la artesa. La artesa es generalmente rectangular y tiene una cabeza de animal tallada en un extremo y la cola en el otro. Se la ubica boca abajo para que una pareja o una sola persona puedan bailar descalzos sobre ella. La artesa requiere de gran precisión y habilidad; los bailarines generalmente se mueven con agilidad mientras tratan de no caerse. Danzan descalzos al compás de sonidos rítmicos que producen principalmente con el repiqueteo de los pies sobre el tronco hueco y de la música producida por instrumentos de cuerda y de madera. Además, los acompaña un vocalista y un grupo de personas que aplauden, cantan con intensidad y, a distintos intervalos, emiten fuertes gritos durante el canto.

En la década de 1980 José Salinas, un hombre de vanzada edad, y su esposa María Santos, originaria de Lagunillas, eran considerados la mejor pareja de bailarines de artesa. Esta pareja de vecinos de San José Estancia Grande eran los que mejor recordaban las artesa y su importancia en casamientos y otras festividades de la comunidad afromexicana. Estas dos personas mayores, muy respetadas en la comunidad, fueron indispensables en los intentos iniciales por fortalecer el recuerdo de las manifestaciones culturales afromexicanas en la memoria colectiva, al igual que para la puesta en escena de las actividades destinadas a transmitir habilidades especiales y costumbres a las generaciones de afromexicanos más jóvenes (Padre Glyn Jemmott Nelson, entrevista personal, junio de 2015). En la actualidad, los grupos más conocidos de artesa se encuentran en San Nicolás y El Ciruelo. De hecho, en el centro de San Nicolás se exhiben varias artesas talladas y en el mural de la municipalidad del pueblo se representa a dos bailarines de artesa. Tanto el mural como las piezas talladas parecen funcionar a modo de emblema de la identidad como pueblo.

Estas manifestaciones culturales de influencia africana asociadas a las comunidades negras de México sirven para demostrar que la cultura cimarrona sigue siendo un rasgo distintivo de la presencia afromexicana. De acuerdo con Anita González (2010, 84), la danza de los diablos y la danza de la tortuga les ofrecen a las comunidades afromexicanas la oportunidad de explorar los roles de esclavitud/esclavo, víctima/victimario e incluso potencia/impotencia a través de la personificación.

La intención de este libro es ampliar la investigación ya existente en relación al México afro en general y, en particular, al análisis crítico de las producciones literarias y culturales del pueblo de Costa Chica en el sur de México. Mi objetivo es, por un lado, desestabilizar las definiciones oficiales de "nación" en México; por otro, cuestionar y subvertir la mirada selectiva y eurocéntrica de la identidad mexicana que se fomenta en el discurso mexicano acerca de la presencia de los negros en este país.

El pequeño corpus de material literario y cultural que se ha producido en las comunidades afromexicanas ha recibido muy poca atención. Hasta ahora, solo conozco unos pocos estudios sobre los corridos o las baladas, entre ellos las investigaciones que publiqué acerca de la poesía lírica, la tradición oral y los relatos folklóricos afromexicanos. Marco Polo Hernández (2000) ha examinado películas mexicanas que representan la vida de los primeros afromexicanos aunque con actores blancos. González (2010) ha estudiado las danzas afromexicanas, en particular la danza de los diablos, para mostrar cómo los afromexicanos usan este medio de autoexpresión para representar las percepciones de su propia identidad. En este libro, estudio un amplio abanico de manifestaciones culturales: los corridos, la poesía lírica y oral y los relatos orales/folklóricos. También estudio la reconocida historieta *Memín Pinguín*, en la que los personajes afromexicanos que aparecen en diversos contextos sociales también son menoscabados. A pesar de que *Memín Pinguín* no es producida por afromexicanos, creo que es importante analizar las imágenes visuales y sus mensajes. Este es el primer libro que aborda de manera detallada y crítica la producción literaria del México afro.

La naturaleza de las fuentes primarias con las que trabajo requiere de la aplicación de una variedad de constructos teóricos. Por lo tanto, los análisis interdisciplinarios se hacen a la luz de los estudios culturales, los estudios de género, la antropología lingüística, el feminismo, las teorías poscoloniales y posmodernas en general. En particular, se recogen los aspectos referidos a problemáticas de marginalidad, aislamiento, etnicidad, género, identidad cultural, autoformación, así como interrogantes acerca del lugar, la pertenencia, el orgullo nacional, la estatalidad, la agencia y la subjetividad individual.

En el capítulo uno, presento una investigación de la historieta *Memín Pinguín* que, según sugiero, refuta los argumentos que alegan la homogeneidad étnica y racial de México. Mediante la aplicación de teorías poscoloniales deconstructivistas y abordajes de lectura detallada del estudio de imágenes visuales y literarias, propongo que la historieta destaca, sin lugar a dudas, la diversidad racial y étnica de México. Sin embargo y de manera simultánea, la historieta aborda la diferencia como algo indeseable, dado que Memín y su madre son caricaturas raciales estereotípicas que perpetúan las representaciones racistas de los negros. Aunque no forma parte de las producciones literarias o culturales afromexicanas, la historieta es importante como punto de partida en la conversación acerca de la presencia de los negros en México. Además, presenta un notable contraste con los autorretratos y autorepresentaciones del México afro.

Los discursos del poscolonialismo y el feminismo comparten trayectorias teóricas que se cruzan, dado que ambos buscan desmantelar ideologías perjudiciales de la colonización y el patriarcado que han oprimido, estereotipado y marginado a diferentes grupos de personas. Dentro de este marco de referencia, en el capítulo dos se consideran algunos de los supuestos y estereotipos patriarcales que sustentan las representaciones ideológicas de género y sexualidad en los relatos orales afromexicanos seleccionados. Los interrogantes críticos incluyen la reflexión acerca de cómo se desarrollan los rituales de jerarquía y poder entre los sexos. También se estudian las relaciones entre hombres/mujeres negros cuya representación muestra cómo raza, clase y género se entrecruzan en la sociedad afromexicana. Asimismo, diferentes ramas de la crítica feminista contribuyen a desnudar las políticas de opresión y las estructuras de dominación que pueden existir en las narrativas sobre relaciones entre las personas negras.

En el capítulo tres, en el marco del constructivismo social, se analizan la masculinidad y la feminidad como ideologías de género construidas tanto cultural como socialmente y como productos de diversos contextos históricos y culturales que influyen en el modo en que los hombres y las mujeres se perciben o se definen a sí mismos como individuos y en su relación con el otro. La representación de la masculinidad que los hombres afromexicanos hacen en el corrido afromexicano resulta compleja y se presenta como algo más que una mera forma subordinada o una respuesta a la masculinidad exhibida por gobiernos blancos/latinos opresivos. Se problematiza aún más cuando se examina a la luz de las interacciones con figuras femeninas afromexicanas: estas son marginadas por el mismo sistema opresivo que margina a los hombres y, a veces, también por los propios hombres negros.

En el capítulo cuatro, los conceptos "mundo figurado", "identidades relacionales/posicionales" y "creación" tomados del campo interdisciplinario de los estudios culturales se utilizan de manera conjunta para establecer un marco analítico. Analizo poemas seleccionados que considero revelan un nivel significativo de conciencia racial e identificación de los afromexicanos con la tierra o la región que habitan, en la medida en que sus intérpretes o autores participan en un complejo proceso de autoconformación. Sostengo que los compositores e intérpretes afromexicanos de poemas orales crean "mundos figurados" para difundir puntos de vista acerca de su pertenencia a la comunidad afromexicana y a México en general. Las "identidades relacionales" o "identidades posicionales" se dramatizan en trabajos que revelan los posicionamientos de los afromexicanos en relación a su derecho a la ciudadanía mexicana. Además de emplear estos modos de construcción de identidades y agencia desde los estudios culturales, la teoría poscolonial, vinculada al revisionismo creativo se emplea para poner de relieve cómo los versos promueven un nuevo discurso acerca de los afromexicanos y su legado étnico.

En el capítulo cinco, se examina una serie de versos de la colección *Alma cimarrona*. Propongo que la existencia de poesía afrocéntrica debilita el argumento de que la cultura o la etnicidad mexicana es uniforme, en tanto establece un nuevo discurso literario en el contexto más amplio del discurso mexicano. Asimismo afirmo que la diversidad que estos poemas confieren a la cultura y la definición de "nación" mexicana los coloca en un debate más amplio, en particular, en una estética cultural y literaria caribeña. Además, los análisis revelarán que estos poemas problematizan la configuración tradicional de nacionalidad en México y la representan heterogénea antes que uniforme. Mi anhelo es que esta investigación genere mayor interés sobre la presencia negra en México y, por lo tanto, mayor conciencia de la necesidad de una definición de comunidad, nacionalidad, identidad e individualidad más inclusiva en ese país.

Figura 9. La Minga en la danza de los diablos (P.A. Ramsay)

Figura 10. La danza de los diablos (cortesía de María Elisa Velázquez, presidente del Comité Científico "Ruta del Esclavo" UNESCO)

Figure 11. Muestra artística del taller del padre Glyn Jammott Nelson (1986–2007)

Figura 12. Representación de la danza de la artesa (con el amable permiso del padre Glyn Jemmott Nelson)

1.

La diversidad étnica y racial en México a través de la lente distorsionada de *Memín Pinguín*

Diversity, which is neither chaos nor sterility, means the human spirit's thriving for cross-cultural relationship, without universalist transcendence. Diversity needs the presence of peoples, no longer as objects to be swallowed up, but with the intention of creating a new relationship. Sameness requires fixed Being. Diversity establishes becoming. . . . Sameness is sublimated difference. Diversity is accepted difference. [El término diversidad, que no es ni caos ni esterilidad, hace referencia el impulso del espíritu humano por entablar relaciones transculturales, sin trascendencia universalista. La diversidad requiere la presencia de los pueblos, ya no como objetos a ser tragados, sino con la intención de crear una nueva relación. La uniformidad requiere de un ser estático. La diversidad genera el devenir. . . . La uniformidad es la diferencia sublimada. La diversidad es la diferencia aceptada.]
—Édouard Glissant, *Caribbean Discourse* [El discurso antillano]

En el análisis que hago en la introducción, he establecido que el discurso oficial sobre nación e identidad en México ha insistido en homogeneizar a los mexicanos. Muchos de estos han aceptado las nociones de identidad nacional que el educador y político mexicano José Vasconcelos Calderón junto con las élites de México definieron originalmente. Según estas la nación mexicana es mestiza porque los descendientes de los negros han desaparecido por completo debido a la mezcla racial. Sin embargo, como he demostrado, en México hay afromexicanos notoriamente negros, pero no se los reconoce oficialmente como tales.[1] A mediados del siglo XX, algunos mexicanos de zonas tales como Veracruz intentaron mostrar que el mestizaje era "una ideología inclusiva de exclusión", es decir, una ideología que elimina y margina completamente a la población afrodescendiente de México.[2] Si bien no forma parte de ninguna agenda destinada a generar conciencia acerca de los mexicanos negros, en la historieta *Memín Pinguín* se pone de manifiesto la diferencia y la identidad racial en México. Publicada por primera vez en la década de 1940, la trama de la historieta gira en torno al personaje caricaturesco e hiperbolizado de un niño negro y sus interacciones con compañeros latinos de piel clara y Eufrosina, su madre negra (a quien Memín llama afectuosamente Ma'Linda).[3]

En este capítulo argumento que, si bien *Memín Pinguín* constituye abiertamente un testimonio contra la homogeneidad racial y étnica de México, al mismo tiempo delata actitudes despectivas hacia los negros, dado que Memín y su madre muestran una variedad de comportamientos, actitudes y valores estereotípicos que han sido asociados a los negros tradicionalmente. Esta discusión revelará también que las imágenes de ambos personajes son caricaturas raciales y étnicas iconográficas que reproducen percepciones negativas de los negros. En otras palabras, esta historieta le da gran visibilidad a la figura del negro y muestra a México como un lugar de diversidad racial y étnica, pero, al mismo tiempo, trata la diferencia y la diversidad como identidades no deseadas, posición que obligatoria e indefectiblemente contribuye a afianzar percepciones negativas de los negros en ese país.

El personaje principal de la historieta fue creado por la escritora mexicana Yolanda Vargas Dulché (2008a, 2008b). Dulché comenta que se inspiró en recuerdos de su infancia en Costa Chica, estado de Guerrero, así como también en los niños negros cubanos que conoció cuando trabajó en Cuba como cantante durante un breve período (Valles n.d., 1). Desde su primera publicación en 1947, la historieta ha gozado de inmensa popularidad en México y otros países latinoamericanos. En un momento, se llegaron a vender más de un millón de copias por semana en México (Valles, n.d., 3). El formato novela por entregas, en el que el episodio de una semana es continuación del de la anterior, ha mantenido el interés de muchos mexicanos que han desarrollado el hábito de seguir la trama y anticipar el desenlace de las diversas aventuras y encuentros de Memín. De hecho, Memín se ha convertido en un nombre familiar en México y hay personajes de carnaval y piñatas que representan al personaje. Cobró gran protagonismo en el folklore mexicano a partir de la decisión que el gobierno tomó en el año 2005: honrarlo con la emisión de una colección de estampillas con su imagen *(El País,* 10 de julio de 2008). Las estampillas se divulgaron vía internet y causaron furor en México, donde la gente se apresuró a coleccionarlas. Se vendieron más de setecientas mil estampillas en una semana. En Estados Unidos generaron una gran polémica porque algunos afroestadounidenses, entre ellos Jesse Jackson, las condenaron públicamente por la caricatura de un niño negro de labios gruesos y nariz y orejas grandes. Tan intensa fue la polémica que el presidente George W. Bush emitió una declaración de la Casa Blanca en la que condenaba las imágenes y decía que "no había lugar para ellas en el mundo moderno" (ibid.)

La polémica del año 2005 en torno a estas estampillas hizo que muchas personas fuera de México, particularmente en Estados Unidos, se enteraran de la existencia de la historieta. Esta tensión aumentó en el año 2008, cuando una mujer afroestadounidense expresó públicamente su indignación tras encontrar un ejemplar de la historieta en una de tienda Walmart en Texas. La tienda la había importado para vendérsela a la gran comunidad mexicana que vive a lo largo de la frontera de Estados Unidos. Como resultado de esta denuncia pública, que fue transmitida por CNN, Fox y otras grandes cadenas de EE. UU., se retiró la historieta de todas las tiendas Walmart *(El País,* 10 de julio de 2008). Esta reacción provocó el enojo de muchos mexicanos para quienes la representación de Memín no tiene connotación racista alguna. Algunos de los historiadores mexicanos más conocidos, como Enrique Krause (2005), respondieron a las acusaciones con sus propias concepciones sobre la igualdad y la homogeneidad racial de México. El entonces ministro de asuntos exteriores de México, Luis Ernesto Derbez, afirmó que la posición adoptada por Estados Unidos revelaba una falta total de comprensión y respeto por la cultura mexicana, dado que la historieta nunca había sido objeto de ninguna discrepancia en México, donde se reconocían abiertamente los logros de famosos mexicanos de ascendencia africana. Irónicamente, las imágenes de esos destacados mexicanos, como el segundo comandante de los rebeldes José María Morelos[4] durante la Guerra de Independencia y Vicente Guerrero[5] que se convirtió en presidente de México ocho años después de la independencia de España, no se tuvieron en cuenta en la emisión de estampillas celebratorias, a pesar del lugar destacado que ocuparon en la historia del país.

No obstante esta declaración pública de igualdad racial, es bien sabido que la actitud oficial en relación a la diferencia racial en México la contradice. Además, el hecho de que los funcionarios mexicanos puedan defender la idea de que la representación grotesca de un grupo étnico particular sea algo positivo, sugiere una desconsideración inquietante hacia los negros de México. Esta desconsideración revela que, al igual que Memín, los negros son meros símbolos estereotipados, cuyas diferencias e identidades distintivas no se consideran ni respetan. La postura oficial, según la cual la representación de Memín no es ni racializada ni racista porque los mexicanos no lo ven en relación al color, habla a las claras del problema de la invisibilidad de los negros en México (Katz 2007, 7).

Podemos aventurarnos un poco más y resaltar un gran error en la afirmación: si Memín no está racializado, su madre, que es representada como una mujer negra, podría ser de cualquier raza o de ninguna. De hecho, podría ser blanca, azteca o un personaje de Pókemon. Pero este no es el caso. Es una mujer enorme, corpulenta, al estilo de la mujer negra de la marca de alimentos Aunt Jemima (Vargas Dulché, 2008a, 2). Parece, entonces, que la consistencia en el fenotipo es indicadora de la intención, deliberada o no, de ridiculizar a todo un grupo étnico, que es notoriamente uno de ascendencia africana.

En México mismo, no ha habido una condena del evidente menosprecio y hasta del tratamiento racista del personaje. De hecho, todas las protestas acerca de la historieta han sido formuladas en el terreno moral o religioso. Por ejemplo, en uno de los volúmenes, se ve a Memín cuando en el proceso de preparación para la primera comunión, conoce a otro niño. Este le dice que no tiene sentido que haga la comunión porque como negro ya está irremediablemente condenado y es por ese motivo que "no hay ángeles negros en el cielo" (Katz 2007, 1). Ante esta nueva información, Memín decide abandonar la primera comunión y se vuelve un niño extremadamente indisciplinado y rebelde. Varios curas católicos de México condenaron el nuevo comportamiento del personaje; inmediatamente, los creadores de la serie reformaron la imagen de Memín y, en consecuencia, hubo un aumento en las ventas.

La retórica de la imagen

La retórica de la imagen se nutre, principalmente, de las teorías semióticas de Roland Barthes (1964) y se relaciona con el estudio del uso de las imágenes en el arte de la persuasión. Esto incluye imágenes en películas, fotocopias, historietas y carteles, por nombrar algunos formatos. Las imágenes pueden estudiarse con el texto para determinar cómo funcionan juntos o por separado para comunicar un determinado significado o mensaje. El abordaje canónico de la retórica de la imagen se concentra en seis elementos que determinan los aspectos persuasivos y retóricos. Estos son:

1. la disposición: si los lectores pueden o no ver de manera clara las imágenes y el mensaje que estas transmiten, según cómo están ubicadas o desplazadas;
2. el énfasis: si algunos rasgos tienen o no más prominencia que otros en tamaño, color o forma;
3. la claridad: si los lectores pueden o no decodificar el mensaje que se comunica;
4. la condensación: diseños que reflejan claramente una situación particular;
5. el tono: cómo los elementos cruciales revelan la actitud del diseñador hacia el tema; y
6. el ethos: el contexto particular.

Estos rasgos (disposición, énfasis, claridad, condensación, tono y ethos) contribuyen a determinar cómo se reciben, perciben e interpretan las imágenes visuales. Además, son fundamentales para desarrollar cualquier comprensión del papel y la significación política, sociológica o filosófica de este tipo de imágenes en cualquier sociedad. Las consideraciones históricas que deben hacerse en relación a estas imágenes también se verían enriquecidas y beneficiadas con un análisis a la luz de estos seis elementos.

La retórica de la imagen se considera un lenguaje diseñado para persuadir y trasmitir un mensaje efectivo. De acuerdo con Tang (1999, párrafo 5), la lengua es cultura. La lengua es el alma del país y de las personas que la hablan. Sin lugar a dudas, la cultura influye en el modo en que usamos la lengua para comunicarnos, ya sea de manera escrita, oral o mediante imágenes visuales. La implicancia, entonces, es que las personas que se encuentran en una cultura dada comprenderán la ideología, el sistema de valores y las actitudes que informan las imágenes visuales creadas y producidas en sus sociedades. Además, las interpretarán y percibirán de acuerdo a estos valores, actitudes e ideologías. Ciertamente, las imágenes de Memín son, a las claras, las de una persona negra y su distorsión muestra un intento deliberado de denigrarlo.

Develando construcciones hegemónicas de *Memín Pinguín*

La crítica poscolonial implica el desmantelamiento de los códigos europeos y los planteos binarios, como parte de una agenda anticolonial y antiimperialista (Tiffin 2005, 99). Implica, además, la subversión de discursos europeos dominantes difundidos a través del consumo de trabajos literarios, películas, historietas, caricaturas o cualquier formato caracterizado por supuestos hegemónicos y relaciones y representaciones colonialistas acerca de grupos, razas o clases sociales no dominantes de las sociedades poscoloniales.

Un aspecto importante de la deconstrucción del lenguaje implica la denuncia de constructos hegemónicos. La crítica poscolonial con su énfasis en el desmantelamiento de los planteos binarios de opresión debería considerar cómo se emplean las imágenes visuales para promover o desarrollar la hegemonía en la sociedad, es decir, cómo un grupo dominante emplea la maquinaria para difundir sus puntos de vista, reforzar su posición e insistir en que toda la sociedad los acepte. Aquí radica la intrincada interconexión entre cultura y relaciones de poder históricas, políticas y sociales de una sociedad determinada, así como su impacto a nivel colectivo en el lenguaje, tanto visual como verbal.

Las relaciones y las representaciones coloniales están presentes en textos, visuales o escritos, que inscriben ciertos rasgos del colonialismo europeo, como en el caso de México, y que continúan perpetuando el mito de la homogeneidad en sus afirmaciones imperialistas, impulsadas por una nueva élite política. De acuerdo con el teórico Homi Bhabha (2012, 327), la homogeneidad racial y cultural es una estrategia de control imperialista. La crítica poscolonial es fundamental para revelar que la retórica de la imagen en *Memín Pinguín* se enmarca en ciertos rasgos del colonialismo europeo, es decir, el proceso por el cual las potencias europeas alcanzaron una posición de dominación económica, militar, política y cultural en gran parte de Asia, África y América Latina (Stam y Spence 2005, 109). Además, es esencial un análisis de la representación y la resistencia a la deshumanización de aquellos considerados "otros" en el discurso europeo/colonialista, en tanto la resistencia en la crítica poscolonial es una manera alternativa de concebir la historia de la humanidad (Said 2005, 97).

Es innegable que *Memín Pinguín* ha sido creado desde una mirada colonialista que no resiste, sino mas bien participa de un discurso que construye la propia imagen mexicana como eurocéntrica y europea y la del no europeo como extraña, "un objeto de espectáculo". A su vez, esta mirada colonialista presenta el retrato del niño negro mexicano y sus experiencias como si fueran rigurosas y las "enmascara" como "información objetiva". De hecho, el ministro de asuntos exteriores de México describió a *Memín Pinguín* como "un personaje único", pero no dijo que esta singularidad yace principalmente en el contraste crudo y despreciable que Memín representa en relación a otros personajes de la historieta (Vaughn y Vinson III 2005). El análisis de la retórica de la imagen y el trabajo con la crítica poscolonial nos alertarán sobre el cuestionable planteo de Stam y Spence (2005, 108), para quienes Memín es sujeto de hostilidad, distorsión y condescendencia afectiva.

Una historieta tan popular como *Memín Pinguín* es, sin duda, fuente de gran entretenimiento. Sin embargo, una comprensión de la retórica de la imagen y cómo esta permite acceder a los sentidos, datos históricos, ideologías políticas y aspectos más generales que subyacen a la cultura en la que se produce, parece llevar a una conclusión: ya sea consciente o inconscientemente, intencional o inadvertidamente, *Memín Pinguín* manifiesta y trasmite el menosprecio deliberado por el orgullo racial y étnico y la comprensión de la diversidad y la diferencia en México. Se cree que no existen mexicanos negros, entonces, es entendible que se retrate a Memín como un enigma puesto que eso es lo que él realmente es para muchos mexicanos. La exageración de los rasgos lo convierte en objeto de ridiculización, al tiempo que su constante contraste con personajes con un fenotipo racial "normal" sugiere un menosprecio. Se puede decir que el significado de la diferenciación de Memín, claramente definida y codificada en el gran parecido a un mono, sería fácilmente comprendido por los mexicanos que han llegado a creer que ya no hay negros en México o tratan a estos como si fueran invisibles. El Memín Pinguín negro y su madre representan aquella criatura del pasado, a la que solíamos gobernar; aquella criatura del pasado, cuya raza diluimos; o aquella criatura que se presenta como negra, pero en realidad es un enigma mitad hombre, mitad bestia. Más allá de cómo se lo perciba, es probable que los mexicanos interpreten a Memín conforme a todo lo que han aprendido directa o indirectamente acerca de la identidad mexicana.

Los amigos autoritarios de Memín

Una deconstrucción de la relación de Memín Pinguín con sus amigos revela que este depende de la aprobación de aquellos para validarse. La naturaleza obviamente no igualitaria de esta relación se revela como una en la que los amigos pueden darle órdenes a Memín a su antojo, convocarlo para que los ayude en situaciones difíciles y reaccionar de cualquier manera ante situaciones diferentes. El fascículo *Aventura emocionante* (Vargas Dulché 2008a) presenta un episodio donde los amigos llaman a Memín para que colabore con el rescate del padre de uno de ellos que fue secuestrado por unos mafiosos. El monólogo interior y la representación visual de Memín nos revelan que se ve involucrado en una situación potencialmente peligrosa con la promesa de gloria y fama, dos cosas que el niño parece anhelar desesperadamente para autovalidarse. Lo que subyace a esta promesa de reconocimiento es la idea de que la participación de Memín no es importante ni clave en la misión de rescate y que el niño tampoco tiene opción; "tiene" que ir con Ernesto: "Ernesto me dijo que era muy glorioso rescatar a su papá, y tuve que acompañarlo" (p. 1). Aunque "tuve que" se formula como un sentido de obligación interior, su potencialidad es rápidamente destruida por el termino "acompañarlo" que reduce la posición de Memín a la de un subordinado y sugiere que él será una especie de apoyo, antes que alguien esencial o central para la misión. La imagen visual de Memín, vestido como un habitante originario semidesnudo, con el gorro de indígena americano con plumas y flechas, parece reforzar la figura convencionalizada del habitante originario "salvaje" con potencial para desatar la violencia en cualquier momento. Su pertenencia a un grupo minoritario se acentúa con su representación visual; Memín es, claramente, diferente. Si bien es evidente que Memín es negro, tal vez el ilustrador ha creado deliberadamente un personaje que no es ni latino ni blanco, sino una combinación de grupos extranjeros en México, dado que la ropa y el tocado se asocian con la cultura de pueblos originarios estadounidenses. Esta imagen funciona como una poderosa representación de su condición de extranjero.

Desde el inicio del rescate, Ernestillo y Memín se ven en una difícil situación en la casa del ladrón. Los ladrones secuestran a Ernestillo y Memín elabora un truco absurdo para distraerlos; finge ser una estatua: "Yo me puse como 'estatua' de libertad de los Comanches" (Vargas Dulché 2008a, 1). Este truco le permite no correr la misma suerte que Ernestillo y salir del enredo. No obstante, el carácter inanimado de Memín se superpone a sus cualidades humanas al punto que los delincuentes no lo reconocen. La deshumanización de la persona negra está implícita en esta representación visual de una caricatura cómica, no tanto por la transformación metafórica en estatua, réplica humana fría y sin vida, sino por la precisión muy ingeniosa de la semejanza a tal punto que para el ojo humano, Memín sigue siendo indistinguible, imperceptible e ignorado: "y nadie supuso quién era" (ibid.). La representación visual de la facilidad y la naturalidad con que Memín imita una estatua encapsula una percepción generalizada, según la cual los africanos y sus descendientes necesariamente carecen de atributos humanos y no merecen reconocimiento ni inclusión como grupo étnico. Esta imagen visual deshumanizada se sostiene, además, en el ataque vituperable de Carlangas a Memín, quien descarga su enojo en él:

> Memín: ¡Ya solucioné el asunto . . . ahora sí está solucionado!
> Carlangas: No sigas pensando en tonterías, Memín. ¿Dónde está el agua? . . .
> Memín: No se trata de agua, sino de que allá afuerita está un coche último modelo y tiene la llave puesta.
> Carlangas: ¿Y eso qué nos importa, pedazo de animal?
> (Vargas Dulché 2008a, 13–15)

Este estallido de enojo y violencia verbal, "pedazo de animal", refuerza la forma insultante habitual con la que sus amigos se dirigen a él. Ellos también parecen pensar que tienen derecho a darle órdenes y esperar que las obedezca inmediatamente y sin cuestionarlas.

Irónicamente, a pesar del traje de guerrero, Memín es presentado/imaginado como impotente e inútil en la misión de rescate. Los niños encuentran al padre de Ernestillo atado y amordazado e inmediatamente Ernestillo comienza a desatarlo y le pide ayuda a Memín. Pero Memín aparece como un mero espectador, improductivo y de escasa utilidad, excepto para hacer comentarios vanos y repetir sin pensar lo que dice Ernestillo. A través de los dibujos y las imágenes visuales vemos que el niño no responde, ni reacciona ante una crisis, ni ofrece ayuda alguna a su amigo, a pesar de que este se la pide. En este sentido, se refuerza la idea de que Memín es realmente una figura inútil vestida de guerrero que se vuelve objeto de ridiculización y burla.

El objetivo de este retrato parece ser proyectar a Memín como representante de la cobardía de los negros en México y de su falta de capacidad mental para entablar una discusión seria sobre asuntos cruciales y pensar rápidamente. Memín cae en el hastío y sus amigos lo echan. De manera irónica, sus verdaderas habilidades para la pelea solo se ven cuando sueña o se imagina a sí mismo como vencedor en una pelea.

La burla se sostiene gracias a las payasadas de Memín que sugieren insensibilidad ante la situación que atraviesan. Es evidente que después del calvario físico, el padre de Ernestillo, Don Fernando, siente un gran dolor en las extremidades. Memín observa su paso lento y le dice: "Si puede echar una galopada, sería mejor" (Vargas Dulché 2008a, 6). El comentario insensible y frío, en una situación que requiere compasión y empatía, sugiere la falta de juicio y sensibilidad del niño. Esta caracterización negativa del personaje como alguien desconsiderado e insensible acentúa la superficialidad cognitiva y el retraso mental e intelectual que se suelen atribuir a los negros en el discurso colonial. La respuesta y la expresión de conmoción en el rostro de su amigo Ernestillo indican la ineptitud y superficialidad de Memín: "¿Cómo va ya a galopar mi papá, Memín? Tú ya sabes que sufre de su pierna" (ibid.). Esto, lejos de despertar el cariño del lector hacia Memín, indirecta y sutilmente, provoca de modo invariable, aversión hacia él y crea una respuesta de antipatía en el lector que ve al niño como alguien insensible y sin compasión.

Además, Memín es retratado de manera poco agradable en sus torpes intentos de confortar a Don Fernando y despertarlo del estado de inconsciencia en el que se encuentra como resultado de un dolor de cabeza intenso. "No se queje por tan poca cosa, que ahorita que choquemos le va a doler más" (Vargas Dulché 2008a, 19). De manera irónica, Memín es la causa y el origen de ese dolor. La preocupación que expresa el niño resulta contrarrestada por su calma insensibilidad. Las palabras que intentan neutralizar el efecto de la propia torpeza de Memín solo sirven para intensificarla. Por lo tanto, Memín aparece como un niño miserable que trata de consolar a alguien y, en lugar de aliviar o hacer pasar el dolor, logra efectivamente provocar un efecto más dañino y un mayor dolor de cabeza. El fracaso de Memín en todo lo que se propone, sobre todo en poder expresar un sentimiento humano básico, alimenta la falacia que el mensaje de esta escena busca transmitir. Es el típico argumento racista según el cual los negros carecen de inteligencia y su presencia confunde en vez de ayudar en situaciones complicadas.

Memín: arrogante y desleal

El aire autosuficiente y arrogante que por momentos Memín exhibe es el centro de las burlas de amigos y lectores. Su capacidad para suponer y anticiparse a las cosas sin un respaldo ni motivo sólido suele terminar en un vergonzoso intento de enmendar la situación. Memín se asume cómodamente como modelo de valentía, protección y seguridad para disipar los miedos del padre de Ernestillo con respecto a la policía y a haberse visto involucrado junto a los niños en actividades delictivas: "Usted cálmese señor; no le va a pasar nada . . . se lo dice este negro que sabe lo que pasa" (Vargas Dulché 2008a, 27). Sin embargo, la representación caricaturesca de Memín, criatura impotente, indefensa, débil y pusilánime pone en ridículo la naturaleza autosuficiente. La aguda respuesta crítica de Carlos ridiculiza la afirmación autosuficiente de Memín, "este negro sabe lo que pasa": "¡Mira tú!" Aquí la arrogante actitud de Memín como el "sábelo todo" genera repudio. De manera implícita, el narrador focaliza en la percepción que se tiene de la persona negra como habladora que dice saber, pero no sabe nada y, sobre la base de este supuesto, tiende a revelar confidencias irreflexivamente.

Memín aparece como un niño muy dispuesto a revelar, sin que alguien se lo pida, información que solo los miembros de su grupo conocen. Su entusiasmo por ofrecerle información al padre de Ernestillo acerca del trasfondo del secuestro revela la poca consideración que tiene por los códigos de honor en la amistad. Memín trata los secretos con liviandad y le atribuye poca consideración a la lealtad hacia sus amigos como para consultarlos antes de actuar: "Si lo quiere, yo le hago la explicación completa" (Vargas Dulché 2008a, 5). La incorporación de estos momentos de deslealtad sirve para mostrar la traición a la confianza como una predisposición de los negros, condicionada por la tendencia a hablar sin sentido a partir de disparadores mínimos. Este rasgo disuade al resto de las personas de entablar amistad con los negros.

Una amistad entablada en términos raciales

La inferioridad de Memín es evidente no solo porque sus amigos le dan órdenes, lo humillan y critican su conducta en general, sino también porque constantemente lo maltratan y desprecian. En el fascículo 154 (Vargas Dulché 2008b), vemos que los amigos lo retan porque rechazan enérgicamente su opinión acerca de su participación en el rescate al padre de Ernestillo. En el fascículo 251 (Vargas Dulché 2010d), los amigos de Memín fracasan en sus intentos de coquetear con una linda latina y rechazan e insultan unánimemente a Memín por sugerir que se retiren: "Por seguir la costumbre todos me regañaron" (Vargas Dulché 2010d, 1). Inevitablemente, entienden que su control sobre Memín es tal que no esperan que este tome decisiones por sí mismo. Memín decide que, a pesar de que sus amigos no logran atraer la atención de la hermosa Chipitas, él intentará hacerlo. Al sentirse opacados por la valentía de Memín, le ordenan abandonar sus planes de "cortejar" a la joven. Las amenazas que le hacen y la rapidez con que están dispuestos a poner fin a su amistad hablan de la poca consideración que le tienen como persona y confirman que no lo aprecian sinceramente como un amigo ni como un par:

> Los tres amigos de Memín se ofendieron ante su desprecio.
> —Perderás nuestra amistad para siempre.
> —Te cortaremos en definitiva.
> (Vargas Dulché 2008d, 1)

Las palabras que le dirigen a Memín son duras y revelan la inestabilidad y la falta de compromiso con él. También revelan que Memín siempre aparece enfrentado a sus tres amigos y que ninguno de ellos se pone de su lado nunca. Pero la fuerte dominación se evidencia de manera contundente a través de las imágenes visuales de sus amigos que, unidos en un decidido ataque contra Memín, sin piedad lo golpean y le dan puñetazos en las orejas como si se tratara de un insubordinado o un subalterno.

La imagen de la persona negra violenta

Algunas imágenes visuales y algunas actitudes muestran a Memín como un ser bárbaro propenso a la violencia. Si bien en *Memín Pinguín* no se destaca una naturaleza belicosa, los episodios violentos o la referencia a ellos han hecho que se encasille a los negros como un grupo étnico proclive a la violencia física y psicológica. Las imágenes visuales muestran la violencia física a través del comportamiento "neolítico" de Memín. Estas ilustraciones insinúan que la truculencia parece conformar el modo de vida natural de los negros. Las impresionantes representaciones del trabajo artístico de Sixto Valencia Burgos en *Memín Pinguín: Aventura emocionante* (Vargas Dulché 2008a) refuerzan el argumento que Vargas Dulché parece proponer: que los negros naturalmente consideran la violencia como una respuesta para resolver situaciones difíciles. Después de mucho insistir junto a sus amigos en que Don Fernando no permanezca en el refugio de los ladrones y, en lugar de eso, huya con ellos, Memín piensa que debe emplear la fuerza para solucionar la situación: "¡Por lo que veo este no entiende con las palabras! . . . Tengo que usar la fuerza, no me queda otra" (Vargas Dulché 2008a, 9). La secuencia de acciones que sobrevienen acentúa su razonamiento porque se observa el ataque de Memín a Don Fernando planificado encubiertamente y ejecutado con éxito mediante el engaño. Memín calcula la estatura de Don Fernando y, al ver que no podrá alcanzarlo para darle un golpe, con insistencia lo persuade de que le permita besarle la frente. Luego, en lugar de darle un beso, Memín le pega salvajemente en la cabeza con un gran jarro y lo deja inconsciente (Vargas Dulché 2008a, 10–11). Lo irónico de la situación es que, en teoría, Memín lo hace como demostración de afecto por Don Fernando. La exagerada representación visual de la acción de Memín implica una brutalidad innata, una tendencia a la violencia y un nivel de salvajismo típico de las llamadas tribus primitivas. En este dibujo se afirma de manera implícita pero contundente que Memín es incivilizado, inculto y, sobre todo, no es un verdadero mexicano.

El mito de la persona negra irracional, incivilizada también se perpetúa con la descripción de Memín como alguien incapaz de recibir halagos. Cuando la maestra lo felicita por su participación en el rescate del padre de Ernestillo, Memín se deja llevar por la euforia y, en un acto muy impulsivo que aparentemente muestra su estupidez, salta sobre el escritorio de la maestra como un animal salvaje fuera de control. La imagen impactante de Memín comportándose a las claras como un mono, saltando por el aire y cayendo pesadamente sobre el escritorio de la maestra y la expresión de horror en el rostro de esta parecen potenciar el argumento de que los negros mexicanos tienen baja capacidad de socialización incluso en instituciones educativas. De manera similar, se potencia el argumento de de que los negros, independientemente de sus capacidades, no pueden interactuar ni convivir con los latinos en situaciones similares.

La afirmación implícita sobre la violencia se sostiene, además, con la ilustración del comentario del propio Memín sobre la reacción de su madre por regresar tarde a casa. Del dibujo se desprende claramente que el niño está mortificado por la idea de enfrentar la reacción violenta de su madre. Se establece un paralelismo entre la amenaza de la policía, los ladrones y Ma'Linda, madre de Memín. Todas generan categóricamente la misma reacción: miedo. Sin embargo, el grado de miedo que inspira Ma'Linda excede y eclipsa el miedo que los jóvenes sienten en este momento. Memín trasmite el miedo tangible y paralizante que le tiene a Ma'Linda: "me voy a ocultar de la policía, de los ladrones, y sobre todo de mi Ma'Linda, que en cuanto me 'pesque', me va dar una que no vea" (Vargas Dulché 2008, 26). En otras palabras, Ma'Linda es vista como una persona mucho más peligrosa aún que los delincuentes, en la medida que produce en Memín un "miedo nefasto" con solo pensar que lo va a atrapar y lo va a castigar.

En realidad, la sugerencia de que los padres negros ejercen violencia y maltratan a sus hijos es fuerte y perturbadora en la historieta. El miedo de Memín pone de relieve el efecto o el daño psicológico infligido en el niño y, en consecuencia, se cuestiona las habilidades de crianza de los negros y el papel de la madre negra. Se insinúa que el hogar, un sitio en teoría seguro, es mucho más peligroso en una familia negra que la calle. La violencia encarnada en Ma'Linda excede la amenaza de violencia planteada por un agente externo, tanto que es preferible esconderse antes que regresar a casa. El miedo que siente es tan fuerte, palpable y real que Memín prefiere elegir ser vulnerable a los elementos criminales antes que enfrentar la ira de su madre. Pero la fuerza de las palabras de Memín disminuye al contrastarlas con la ilustración de la maciza y corpulenta madre que empuña no una simple correa sino un tronco con un clavo en la punta, preparada para hacerle daño a su hijo. La detallada ilustración de la paliza se vuelve más horrorosa en contraste con la reacción no violenta de los padres de sus amigos blancos/latinos que abrazan y reciben aliviados a sus hijos de una manera civilizada y cariñosa. Es indudable que se plantea una aguda crítica y una condena a la crianza de los negros, con la yuxtaposición de imágenes vívidas del disciplinamiento brutal de la madre de Memín, por un lado, y los métodos empleados por los padres de sus amigos blancos, por otro. En las viñetas se puede observar, primero, a la madre de Memín tomando medidas punitivas bárbaras y, luego, el tratamiento muy controlado y "civilizado" de los padres de sus amigos. Esta yuxtaposición ofrece un sustento poderoso a la afirmación de Homi Bhabha, según la cual se siguen considerando los buenos modos y el auto control características de quienes están en una posición dominante (Bhabha 1994).

Cosificado y tonto

Una de las formas de deshumanización más claras que se observa en la historieta aparece en la ignorancia que se les atribuye a los negros implícita en la representación de Memín, su madre y la relación inestable entre ellos. Por lo general, la propia madre habla despectivamente de Memín y cuestiona tristemente la decisión de Dios de concederle un niño negro tan inútil: "Este pedazo de flojería negra que Dios echó en mis brazos como hijo." La afirmación de flojería se sostiene deliberadamente con la imagen de Memín perdiendo el tiempo en la escuela, portándose como el payaso de la clase y negándose a imitar los buenos hábitos de estudio de sus amigos blancos/latinos. En contraste con sus compañeros de clase que toman en serio sus estudios, él bromea y sugiere que el sistema educativo no sirve. La maestra lo ridiculiza al leer en detalle y en voz alta delante de toda la clase las respuestas incorrectas de Memín. Este acto despiadado provoca conmoción y vergüenza en el niño que, sin pensar que sus respuestas sin sentido serían rechazadas, hace alarde de haber sacado las notas más altas ante la clase.

La madre de Memín es mostrada como un ser incluso más obtuso que él: su analfabetismo, sumado al engaño de Memín al poner un uno delante de los ceros, le impide comprender la boleta de calificaciones de la escuela.

La creadora de la historieta retrata a Memín como protagonista de una serie de actos poco agradables. El objetivo de esta representación es mostrar al niño como un estúpido y reforzar sus propias palabras, que cínicamente contribuyen al mito de la persona negra bárbara: "¡Soy un salvaje! ¡Soy un animal . . . ! ¿Por qué no me dejaron enterrado en África?" (Vargas Dulché 2010e, 21). La imagen de un Memín rechazado, reducido y que pronuncia estas palabras hace que la autocondena sea aún más poderosa. La relación directa que se establece entre la confusión de Memín acerca de su salvajismo y un origen en África indica la actitud denigrante que fundamenta la creación de un personaje que se puede considerar como un mero objeto, sin ninguna capacidad intelectual ni una noción del mundo racional.

La representación de la femineidad negra

La madre de Memín, una mujer extremadamente obesa, analfabeta y con una gran inclinación hacia la violencia contra su hijo es la única mujer negra de la historieta. Sus actitudes, discurso, apariencia física y clase social la desacreditan. Por el contrario, hay varias imágenes de mujeres "blancas", jóvenes y voluptuosas, entre ellas, una que el propio Memín encuentra irresistible, y que rechaza sus comentarios con insultos. La imagen de la madre de Memín, una figura infeliz, insatisfecha y muy corpulenta que no parece tener propósito alguno fuera del espacio doméstico, revela en qué medida ciertas caricaturas y estereotipos de las mujeres negras resuenan en la conciencia y la cultura mexicana.

La relación contradictoria que tiene con su hijo, en la que le expresa amor incondicional por un lado y resentimiento por el otro, crea una imagen de una madre irracional, inconsistente y confundida. Esta representación visualmente repulsiva de la mujer negra nunca ha sido cuestionada ni rechazada por los entusiastas consumidores de la historieta en México. No se reclamaron otras imágenes de mujeres negras distintas de la figura "antropomorfizada" de Eufrosina, lo que sugiere que los lectores aceptan esta representación. En otras palabras, hay un guiño de consentimiento silencioso en todo México en relación a esta descripción que refuerza ciertos mitos sobre las mujeres negras en particular y los negros en general.

Uno se puede preguntar por qué un libro de historietas con imágenes de los negros tan abiertamente ofensivas sigue gozando de tanta popularidad en México, a pesar de la polémica pública en torno a la emisión de las estampillas y el reclamo de una mujer afroestadounidense. Muchos mexicanos insisten en que Memín es solo un ícono cultural muy querido por sus cualidades "picarescas" e ingeniosas. Uno de los principales intelectuales de México que escribe sobre aspectos culturales, Carlos Monsiváis (2005, párr. 4–11), declaró lo siguiente en relación a la polémica desatada por los comentarios de la Casa Blanca: "Memín es un dato estrictamente pintoresco. No es el inferior, es el diferente, sin más. . . . Los lectores mexicanos de hace sesenta años o del año pasado no habrían tolerado un comic abiertamente racista. Los cómics en México han sido profusamente machistas pero no antinegros."

Este obstinado rechazo de los mexicanos a reconocer que las representaciones estereotípicas refuerzan las actitudes racistas es inquietante. Los argumentos acerca del persistente racismo en Estados Unidos y las afirmaciones de que los estadounidenses y otros extranjeros tergiversan y malinterpretan la cultura mexicana no reducen los mensajes negativos que trasmiten las representaciones visuales y los intercambios verbales acerca de Memín.

No obstante, María Elisa Velázquez Gutiérrez (2005), directora de un proyecto del Instituto Nacional de Antropología sobre la herencia africana en México, reconoció firmemente la naturaleza problemática de *Memín Pinguín* y la tendencia a tratarlo como un ícono cultural positivo y remarcó la necesidad de reexaminar "con ojos críticos a nuestros 'íconos' de la cultura popular". Añade una declaración que debe ser muy poco frecuente en México: "Existen problemas de racismo y discriminación" (párr. 6). A pesar de que este reconocimiento proviene de una persona que ocupa un lugar de importancia y entiende bien la cultura y la herencia mexicana, la opinión de Velázquez Gutiérrez puede muy bien no llegar a tener nunca un impacto en el futuro de *Memín Pinguín* ni en la actitud de los mexicanos hacia esta historieta y, por extensión, hacia los negros. Además, el hecho de que la mayoría de los propios afromexicanos no interpreten las imágenes de Memín como un reflejo su marginación racial sugiere que posiblemente, por mucho tiempo, esta pequeña comunidad no se opondrá a la publicación de la historieta. Por otro lado, como el gobierno mexicano defendió enérgicamente la historieta y las estampillas, se puede deducir que en México existen fuerzas poderosas que siguen apoyando la difusión de la historieta porque no tienen objeciones a las imágenes ni a los mensajes que transmite. Esto inevitablemente plantea interrogantes acerca de cómo los gobiernos pueden usar la cultura popular para promover cierta agenda política. De acuerdo con Katz (2007, 8): "el gobierno de México entiende la importancia de estos cómics como género útil, igual que las estampillas, para la diseminación de su punto de vista". Quizás la historieta es, en realidad, una sutil manera que tiene México de difundir su posición acerca de la mexicanidad. Si no es así, entonces, *Memín Pinguín* retrata a un grupo de personas que no son mexicanas porque no existen mexicanos negros. De cualquier manera, el mensaje degrada a los negros.

El protagonista niño y la retórica de la imagen

La historieta tiene como protagonista a un niño y esto atrae, en particular, a un público infantil fácilmente influenciable por las imágenes de los libros y otro material impreso. Si bien *Memín Pinguín* tiene muchos lectores, estos son principalmente niños. En un ensayo muy debatido acerca de los efectos de las imágenes visuales en los niños, Elise Dietrich (2010, 143) afirma que las representaciones visuales de raza y género son particularmente poderosas cuando están dirigidas a una audiencia de niños porque le trasmiten ideas acerca de constructos sociales a una población especialmente receptiva. Esto es particularmente inquietante porque las implicancias sociales de las representaciones no reciben tratamiento crítico en ninguno de los textos de esta historieta. "Los límites estratificados socialmente" y las percepciones de las diferencias raciales están expresadas implícita y explícitamente a través de la herramienta visual de la historieta y todas las imágenes contradicen las afirmaciones de armonía racial y homogeneidad hechas por los gobiernos mexicanos y otros grupos de poder. Muchos niños mexicanos ven imágenes de los negros por primera vez en esta historieta y forman sus primeras impresiones y actitudes a través de esas representaciones visuales. Por lo tanto, el efecto de *Memín Pinguín* de fortalecer ciertos mitos seguirá teniendo gran alcance.

Conclusión

Todas las sociedades poscoloniales siguen estando sujetas, de una u otra manera, a formas de dominación neocolonial evidentes o sutiles, problema que no se ha reseulto con la declaración de la independencia. Esta dominación se manifiesta, por ejemplo, en el intento de imponer a los grupos indígenas y minoritarios una identidad colonialista preconcebida. El desarrollo, por un lado, de nuevas élites con frecuencia sostenidas por instituciones neocoloniales dentro de las sociedades independientes y, por otro, de debates internos sobre la base de la discriminación religiosa, lingüística o racial, así como el constante tratamiento desigual de los pueblos originarios en las sociedades de colonos/invasores, son muestras de que el poscolonialismo es un proceso constante de resistencia y reconstrucción (Tiffin 2005, 1–2).

En el caso de *Memín Pinguín*, se crea una identidad de marginalidad y alteridad mediante imágenes visuales. Esta identidad atrae la mirada curiosa de quienes se consideran mexicanos y los lleva a devaluar y formular juicios sobre los grupos o las personas que se sentirían reflejadas en Memín. Más importante aún es que las imágenes visuales muestran a México como un espacio cultural y geográfico que no admite temas vinculados a la diversidad de la comunidad. En otras palabras, las imágenes de la historieta están tan abiertamente basadas en ideologías coloniales y nociones jerárquicas de la identidad que la identidad individual y la diferencia no encuentran un lugar. Se puede afirmar entonces que, con las ilustraciones de *Memín Pinguín*, "el legado del colonialismo continúa debilitando la posibilidad de unidad transcultural entre los pueblos heterogéneos de América Latina y el Caribe" (Webb 1992, 151). En efecto, una lectura deconstructiva de *Memín Pinguín* consciente y atenta indica la necesidad de la descolonización cultural de México.

2.

Las construcciones de género y nación en una selección de relatos folklóricos afromexicanos

> Race, class, gender and sexuality all remain intertwined with nation.
> [Raza, clase social, género y sexualidad se entrecruzan con nación.]
> —Patricia Hill Collins, *Black Feminist Thought* [Pensamiento feminista negro]

Este capítulo examinará desde una perspectiva feminista poscolonial algunos de los supuestos y estereotipos patriarcales que sostienen las representaciones ideológicas de género y sexualidad, en una selección de relatos folklóricos afromexicanos. También se buscará revelar cómo, de manera simultánea, estas representaciones subvierten tales supuestos y estereotipos. Se explorarán, por un lado, las diversas representaciones de la sociedad mexicana en los relatos folklóricos, principalmente aquellas fundamentadas por la ideología colonialista y, por otro, los intentos de contrarrestar estas ideologías. A partir de dichos relatos folklóricos, también se formularán interrogantes críticos acerca de las diversas maneras en que los rituales de jerarquía y poder operan entre los sexos, las imágenes dominantes de sus personajes masculinos y femeninos y las relaciones entre hombres y mujeres. Asimsmo, se verá hasta qué punto estas relaciones de género parecen reflejar la cosmovisión afromexicana. Esto incluiría las representaciones acerca de cómo las relaciones entre hombres y mujeres son un ejemplo de las maneras en que raza, clase y género se entrecruzan en la sociedad mexicana. Diversas vertientes del pensamiento y la teoría feminista contribuirán a desenmascarar la política de opresión y la estructura de dominación que existen en los relatos.

Los relatos que se analizarán fueron seleccionados de la colección de narraciones orales titulada *Jamás fandango al cielo* (Díaz Pérez, Aparicio Prudente y García Casarrubias 1993). Esta colección se basa en la fábula de la tortuga que viaja con las aves hacia una fiesta en el paraíso/cielo. La tortuga lleva plumas prestadas para llegar a la fiesta, pero, en su viaje de regreso, provoca el enojo de las aves. Estas le quitan las plumas y la tortuga cae a tierra. Después de la caída, la tortuga jura: "Jamás fandango al cielo." La coeditora de la colección María Cristina Díaz Pérez (1993) afirma que el título trata de representar el mundo "mágico e imaginario, aunque artificial y defensivo" habitado por los afromexicanos de Costa Chica de Oaxaca y Guerrero (citada por el padre Glyn Jemmott Nelson, en correspondencia por correo electrónico, octubre de 2014). Esta colección fue compilada por la Unidad Regional Guerrero de Culturas Populares como parte de un proyecto desarrollado con el propósito de concientizar acerca de la presencia afrodescendiente en México y sus contribuciones al multiculturalismo mexicano (Valencia Valencia 1993, 14). El proyecto fue emprendido como parte de las actividades de conmemoración de los quinientos años del "descubrimiento" de América. Los relatos fueron narrados por hombres, mujeres y niños de entre ocho y ochenta años de edad. Muchos relatos fueron narrados y grabados, mientras que otros fueron representados y filmados. Los relatos folklóricos dan una idea de la historia de las normas de comportamiento, los valores, las creencias y los ideales generales que esta comunidad sostiene (Ramsay 2001, 8).

En el estudio de estos relatos, recurriré al feminismo y su interacción con la amplia crítica poscolonial para determinar cómo las narrativas permiten que las mujeres negras marginadas se "restablezcan" frente a la cultura dominante. Algunos de los relatos folklóricos que se examinarán han sido narrados por hombres y otros por mujeres. Parece problemático tratar de proponer definiciones o generalizar acerca de cómo una perspectiva narrativa particular está configurada por el género del narrador. No obstante, el análisis minucioso de los relatos narrados por personas de ambos sexos revela una preocupación general por el deseo de descubrirse a uno mismo, encontrar algún tipo de destino y sobreponerse a las vicisitudes de la vida. La estructura general de los relatos determina el desenlace: el protagonista es por lo general un hombre y la historia se desarrolla en torno a sus necesidades, deseos y metas. Tanto los narradores masculinos como los femeninos acceden entonces a lo que parece ser un impulso temático y una cosmovisión que goza de consenso entre los afromexicanos. Las narradoras simplemente mantienen la narración que les fue transmitida, igual que a los hombres. De acuerdo con Díaz Pérez (1993, 22–23):

> El contenido de los cuentos está determinado por elementos estructurales que se integran en la trama argumentativa de manera más o menos constante, por lo general se inician con la salida del personaje protagónico del ambiente familiar, esta separación es motivada por la muerte del padre, la madre o de ambos, por la necesidad de encontrar esposa, porque los padres ya son ancianos, o bien sólo para ir en busca de suerte. . . . Los personajes, al igual que los lugares y el tiempo, son remotos y se mueven en el terreno de lo abstracto . . .

El resultado de esta adhesión a una estructura prescripta y "fija" es que el protagonista masculino se vuelve el centro o el foco de atención de estos relatos, mientras que las mujeres aparecen, en gran medida, de manera tangencial o periférica. Por lo general, cobran alguna importancia si los hombres dirigen sus acciones hacia ellas o si permiten que la existencia de estas sea importante. Normalmente, se las considera importantes en la medida en que son útiles para los hombres y están implicadas en la manera en que ellos conciben la felicidad.

Si bien se debe reconocer que los relatos individuales no están necesariamente elaborados según una agenda particular alineada al género del narrador, parece justo concluir que hay una tendencia a una perspectiva que promueve el desarrollo de la superioridad de los hombres y lo masculino por encima de las mujeres y lo femenino. De manera concomitante, en unos pocos relatos se revela ocasionalmente un intento consciente o inconsciente de revisionismo en la presentación de los personajes femeninos. Este parece ser el caso de algunas de las historias narradas por Catalina Bruno. Será interesante ver hasta qué punto se desmantelan algunos de los estereotipos del sistema patriarcal en relación a las mujeres y a las relaciones entre estas y los hombres.

La "norma" y la "otredad" femenina emergentes

En la "norma social" proyectada en los relatos folklóricos afromexicanos las posiciones que encarnan poder y autoridad están ocupadas por hombres. Incluso, la experiencia del "ser" y la experiencia de la "existencia" parecen ser sinónimos de masculinidad. Las mujeres, en general, son presentadas por el padre o un rey de manera indirecta, es decir, a través de frases hechas que posicionan a estos como figuras centrales. Además, los personajes femeninos suelen ser el objeto del verbo o un complemento en las oraciones, como en los siguientes ejemplos tomados de diferentes historias de *Jamás fandango al cielo* (Díaz Pérez, Aparicio Prudente and García Casarrubias 1993):

> "E'te era un hombre que vivía en un rancho con su e'posa." ("El caballito de virtud", 98)
> "Se dice que era un señor y era muy rico y tenía una hija muy bonita." ("Tontosoy", 139)
> "Era una vez un señor que se llamaba Revientacadena, tenía su mujer." ("La mojarrita de tres colores", 204)

De manera irónica, aun cuando los relatos folklóricos llevan el nombre de una mujer en el título, se sigue presentando a la mujer en relación a un personaje masculino que tiene mayor importancia en la historia. Este es el caso del relato folklórico "Blanca Flor", narrado por Catalina Bruno (1993, 75): el título sugiere que la protagonista es una mujer, pero, a pesar de esto, comienza con la presentación de un hombre que la "descubre" y destaca su existencia. "Un papá tenía un hijo y ese hijo se llamaba Juan." Blanca Flor no es presentada a Juan de manera directa; primero hay un comentario/punto de vista objetivo en tercera persona que indica que Juan observa a tres muchachas y después la atención recae en una de ellas cuando la voz narrativa revela que "la chiquita se llamaba Blanca Flor" (p. 76).

Esta misma tradición de la importancia y la centralidad masculina se repite nuevamente en "Morena", donde el sustantivo femenino promete un relato acerca de una mujer. Pero, irónicamente, en la introducción el centro está puesto en el personaje masculino y sus preocupaciones acerca de su futuro: "Así e' que era un muchacho, se llamaba Puertasiban. Entoce' é'te le dijo a su papá que ya no quería vivir ahí con ello, que él se iba echar a'ndar, iba a saber tierra" ("Morena", 109). El dato concluyente es que recién se presenta a la joven que será crucial y central en el desarrollo de la trama casi doscientas palabras más adelante en el relato.

En este mundo los personajes masculinos son generalmente más visibles (en mesas de negociaciones, en peleas como "hombres de corazón valiente", como líderes en discusiones y toma de decisiones familiares) que los personajes femeninos, cosificados y presentados en los márgenes de los asuntos centrales de la narración. Los relatos, entonces, exhiben lo que se puede considerar un proceso doble: por un lado de inferiorización racial y, por otro, de subordinación de género, al que las mujeres afromexicanas han sido sometidas en la realidad. De hecho, estas representaciones demuestran plenamente la afirmación de Ashcroft, Griffiths y Tiffin (2005, 233) en relación a la constitución ideológica del género en general y, en muchas sociedades poscoloniales, en particular. Estos autores afirman sin vacilar que en muchas sociedades, las mujeres como sujetos colonizados, han sido relegadas a la posición de lo "otro", lo "colonizado" mediante varias formas de dominación patriarcal. De esta manera, comparten con las razas y las culturas colonizadas una íntima experiencia de políticas de opresión y regresión.

Representaciones de las ideologías patriarcales

El fascinante relato "La mojarrita de tres colores", narrado por Jesús Robles (1990), está impregnado de ideologías patriarcales. El primer indicio de esto se observa en la descripción que el narrador hace del hombre y sus posesiones. Notamos la manera impactante en la que se incluye a la mujer en una secuencia junto con los animales. Esto sugiere que mujer, perro y yegua son considerados como iguales en términos de su utilidad para el hombre y se encuentran en el mismo nivel. "Era una vez un señor que se llamaba Reventacadena, tenía su mujer, tenía su perrita, y tenía su yegua" (p. 204). La acción de relegar a la mujer a una posición de insignificancia se observa, además, cuando el hombre sigue el consejo de un pez para cuidar sus tres posesiones, "su mujer, su perra y su yegua". Conforme al consejo del pez, las tres sufren el mismo destino y el hombre queda privado de sus tres objetos que obviamente son valorados por igual: "Parió la mujer, parió la yegua y parió la perra. / Después se murió la mujer, se murió la perra y se murió la yegua" ("La mojarrita de tres colores").

No hay indicios de que la muerte de la mujer/esposa, la compañera, represente una mayor pérdida que la de alguno de los animales. Esto sugiere que colocar a la mujer y los animales en un plano de igualdad podría considerarse una actitud antinatural e invita a rechazar la ideología que subyace a esta actitud. La psicología patriarcal que orienta la sociedad a la que pertenece este personaje masculino se evidencia de manera aguda cuando presenciamos la decisión que toma después de sus pérdidas: probar su hombría para ser premiado con la hija del rey, una persona sin derechos que no puede intervenir en su propio destino. Ella será entregada como premio al hombre que logre matar la víbora de siete cabezas que amenaza la seguridad del pueblo. Resulta particularmente insostenible la idea de que la joven sea entregada a un hombre solamente porque puede probar su hombría. A medida que transcurren las negociaciones entre el padre de la joven y los hombres ansiosos por poner a prueba su hombría y demostrar que son aptos como esposos, ella es una mera observadora. Este cuento muestra de manera contundente la actitud patriarcal según la cual la mujer es vana e incapaz de tomar decisiones por sí misma. Además, conforme con la visión del mundo predominante en la mayoría de estos relatos folklóricos, los personajes masculinos muestran un deseo urgente de probar su valor, su destreza y su fuerza así como de establecer identidades independientes. Asimismo, sus acciones son ejemplos de cómo las construcciones patriarcales de género fomentan la desigualdad. Al mismo tiempo, los firmes intentos de los personajes masculinos de poner a prueba su coraje proyectan el patriarcado como una ideología que les niega a las mujeres oportunidades similares.

Los únicos personajes que demuestran cierto nivel de creatividad o habilidad son los hombres que intentan ganar a la mujer como un premio por matar la víbora. Un personaje masculino muy ingenioso hasta intenta hacerle creer al rey que ya la ha matado, pero finalmente esta estrategia resulta muy perjudicial. La descripción de las reacciones de la joven refleja su miedo a la víbora y destaca la imagen estereotipada de la mujer como el sexo miedoso y tímido. A su vez, revela que es una mera víctima sacrificial del poder que tiene su padre para determinar cuándo y con quién se casará. Nunca se evalúa la capacidad de la mujer para matar la víbora; solo se la considera en términos de su condición de esposa, premio valioso para el hombre que logre el cometido. Este análisis del relato expone la ideología sexista subyacente e invita a leerlo críticamente: se acepta que se trate a las mujeres como incapaces de elegir la orientación de sus vidas y se las usa como compensación por la valentía y las habilidades de sojuzgamiento masculinas.

La misma falta de reconocimiento a la capacidad de agencia o de desplegar conciencia alguna de sí misma se observa en el cuento "Tontosoy", una historia cautivante contada por Rodrigo Habana Zárate (1990). A pesar de la autocaracterización implícita en el título, soy un tonto, el personaje masculino tiene mayor autonomía y más comprensión sobre la vida y accedemos a la complejidad de sus pensamientos y sus respuestas a los desafíos que encuentra. Por otra parte, el personaje femenino es un peón de ajedrez que su padre rico ofrece en una partida a cambio de un favor. Cuando la bruja salva la vida del padre, esta le pide la hija a modo de pago, como esposa para su sobrino. Como este pedido no se cumple, la bruja hechiza a la joven y la deja sin emociones, una forma de manipular la situación para que ella no pueda casarse con nadie más: "lo que podemos hacer e' que si la muchacha no se va a casar contigo, ni se va a casar con el otro muchacho porque le voy a robar los sentimientos" ("Tontosoy"). La idea de que los sentimientos de la joven están separados y apartados de su ser y de que cualquiera puede apropiarse de ellos fácilmente para prepararla y forzarla a amar a otra persona, es un reflejo evidente de la caracterización patriarcal de la mujer y una negación tanto de la complejidad de sus emociones como de su capacidad para rechazar a un hombre al que ha sido prometida en contra de su voluntad. Más aún, la joven se casa recién después de que otra bruja recupera sus sentimientos y se los devuelve; luego, cumple con el deseo de su padre de casarse con otra persona. A pesar de esto, la imagen que se impone es la de una joven abatida, a merced de que algún hombre valiente rescate sus sentimientos y se los devuelva. Así es que la mujer es objeto de un juego entre personas que la consideran únicamente como posible esposa. A través de la descripción y el análisis crítico, las ideologías patriarcales que sustentan esta representación metafórica son fuertemente condenadas. Esta condena también se refuerza con la decisión de la joven de casarse con la persona que elige, una vez que recupera sus emociones. Esta acción subvierte los esfuerzos para controlarla y obligarla a casarse en contra de su voluntad.

El ecofeminismo y el empoderamiento femenino

La crítica literaria ecofeminista ha demostrado ser clave para el análisis de los relatos folklóricos, dado que este abordaje comparte algunos de los grandes objetivos del poscolonialismo y otras ramas del feminismo. Entre los fines de la crítica literaria ecofeminista resalta la desarticulación de muchos los mitos sobre la naturaleza, en particular acerca de cómo el hombre (la humanidad) la ha dominado a través de la posesión, la explotación y la excavación. Esta dominación es equivalente a la dominación que el hombre ejerce sobre la mujer, en tanto tradicionalmente se ha considerado que la naturaleza tiene una identidad a través de su dueño, el hombre o la humanidad: el sujeto. En esta construcción, la naturaleza se proyecta como lo "otro" de la misma manera que los abordajes tradicionales y colonialistas marginan a las mujeres. De acuerdo con Legler (1997, 227): la crítica literaria ecofeminista es una crítica híbrida, una combinación con la crítica ecológica o ambiental. Ofrece una combinación singular de perspectivas literarias y filosóficas que le da a los críticos literarios o culturales una lente especial para investigar cómo se representa la naturaleza en la literatura y cómo estas representaciones se vinculan a las de género, raza, clase y sexualidad. Quienes proponen la crítica ecofeminista no están sugiriendo, de ninguna manera, que la naturaleza es equivalente a la mujer o viceversa. Por el contrario, el ecofeminismo propone que se puede considerar la naturaleza como un ser con existencia y realidad propias, de la misma manera que la mujer tiene su propia identidad, independiente del hombre. Griffin aclara esta afirmación (1997, 219–20): el ecofeminismo comienza con el hecho de la existencia natural. Aún cuando la naturaleza no se pueda contener completa o exactamente en el lenguaje, el ecofeminismo apunta a la visibilización de la naturaleza como una realidad. Con este abordaje, uno puede comenzar a comprender que la llamada construcción social (la explotación y la destrucción) de la naturaleza está implícita y es inseparable de la construcción social del género. Esta ecuación no significa que las mujeres sean iguales a la naturaleza, sino que si se comprende cómo y por qué se asocia la mujer con la naturaleza, se pueden decodificar muchas estructuras de injusticia en la sociedad occidental. La construcción social de "raza", por ejemplo, que también es justificada a través de una idea de naturaleza, no puede separarse de ideas de género. Y lo contrario, también es cierto.

El relato folklórico "Yoatzin", narrado por Melquíades Domínguez (1990) en *Jamás fandango al cielo* (1993, 71–74) subraya de manera impactante algunos vínculos metafóricos entre género, raza, clase y representaciones de la naturaleza. Este relato cautivante comienza con la imagen de un huérfano que una vez que alcanza la mayoría de edad, decide salir de caza en la profundidad del bosque. En estos bosques hay una zona a la que le han enseñado temer: "le habían enseñado que ese bosque era prohibido para él" (ibid., 71). Pero de una manera verdaderamente varonil, temeraria y juvenil decide enfrentar lo prohibido dejando de lado la precaución. El joven ve un ciervo y le apunta para llevárselo de premio, pero el animal se transforma en mujer, luego en flor y después, de nuevo, en mujer, luego otra vez en ciervo y, finalmente, en mujer de nuevo. No debe pasar inadvertido que, en su metamorfosis, la mujer transita por dos componentes de la naturaleza, la flora y la fauna. Al mismo tiempo, los estereotipos tradicionales del hombre agresivo y fuerte son paradójicamente reforzados y socavados, dado que cuando parece que el joven logrará dispararle al ciervo en una muestra de gran habilidad en el uso del arco y la flecha, el ciervo se convierte en una joven que se asoma desde la vegetación. En este relato la naturaleza se presenta como otro agente y personaje.

Aun así, en estas transformaciones se advierte inmediatamente la vulnerabilidad de la naturaleza ante las prácticas de exploración y caza realizadas por el hombre y en qué medida la subjetividad masculina o del hombre está vinculada a la supremacía y a dichas prácticas. Uno puede imaginarse al joven como alguien poderoso y valiente, tal como se lo describe gráficamente, portando el arma con que amenaza poner fin a la vida de un joven ciervo. En otras palabras, las relaciones de poder revelan los vínculos metafóricos entre género y naturaleza. El joven muchacho/hombre tiene la habilidad y las armas para usar la fuerza y dominar la naturaleza. Aun así, en la construcción de la narración se sigue debilitando el despliegue de bravuconería del joven cuando se cuenta que, dada su falta de familiaridad con el bosque, necesita la ayuda de la mujer, Yoatzin, para orientarse. Las posiciones de poder se invierten en la medida en que, a pesar de que posee armas peligrosas, símbolo de su poder, el joven sigue una por una las instrucciones de esta mujer convertida en ciervo/flor. Su impotencia aumenta porque depende del vasto conocimiento que la mujer tiene acerca de las estaciones del año, los hábitos de los animales y todo lo que habita y ocurre en el bosque. Pronto el joven descubre que las instrucciones que le da la mujer no solo sirven para enfatizar su ignorancia e intentos fallidos, sino también para guiarlo en una serie de actividades que terminarán con el hechizo bajo el cual se encontraba la mujer desde hacía décadas:

> Se fue siguiéndola, siguiéndola, siguiéndola. Ya en su aldea andaban bu'cando al muchacho, jallaron la huella que pa'llá se había metido . . . Comió el fruto y siguió la cierva, llegó al lugar 'onde siempre la podía "garrar, entonce" e'taba ella cansada, que ya no podía correr. Él la quiso amarrar como siempre lo hacía, pero se de'vaneció y se fue inconsciente al abi'mo. . . . Cuando de'pertó se vio en una ciudá' y e'taba la cierva aco'tadita junto a él y también e'taba la mujer. Vio la cierva y vio a la mujer, dijo:
>
> —Pero, parece que me caí en un abi'mo y "ora e'toy en una ciudá".
>
> —Cumpli'te ya con tu deber para desencantarme, porque nadie me quería venir

a sacar, yo aquél que comiera el fruto tre' años me podía salvar, pero 'ora ya no soy un embrujo, soy una realida' y e'te e' mi pueblo, mi nación. ¿Tú qué prefieres, que te devuelva a tu nación o quedarte en la mía? ("Yoatzin", 73)

En un sentido, el relato parece perpetuar la idea de que la mujer necesita un hombre que la rescate y le dé una identidad y un sentido a su vida. Sin embargo, el mismo acto de liberación que él lleva adelante, no solo transforma a la mujer físicamente, sino que también le concede la capacidad para que declare su propia existencia: "soy una realida' y e'te e' mi pueblo, mi nación" (Díaz Pérez, Aparicio Prudente y García Casarrubias 1993, 73). Por lo tanto, a pesar de que en un plano superficial pareciera que, al romper el hechizo, el hombre le da una identidad a la mujer, ella se identifica a sí misma e identifica sus lazos con un lugar y una nación. La mujer declara reconocer su propia experiencia de ser y su pertenencia. El acto de hablar o verbalizar por parte de la mujer se ha caracterizado como una importante expresión de agencia individual e identidad, en otras palabras, cuando las mujeres hablan, expresan seguridad en ellas mismas y afirman su subjetividad. Además, al verbalizar/manifestar su existencia, la mujer refuta la idea de la naturaleza silenciosa como ente que carece de agencia, dado que en este cuento, no se presenta simplemente "materia inerte a indagar y penetrar, sino que tiene un estatus metafórico como vocera, un sujeto vivo que siente" (Legler 1997, 232).

Además, la nueva condición de la joven la ubica en una posición de igualdad respecto al hombre. Por consiguiente, la pregunta directa que la mujer formula destaca que acepta el derecho del joven a la misma libertad social que ella ahora ha recuperado. En otras palabras, la mujer acepta sin cuestionamientos que él posee identidad individual, lugar y pueblo propios. Por lo tanto, el respeto de la mujer hacia el sentido de pertenencia del hombre a su propio pueblo se expresa en la pregunta: "¿Tú qué prefieres, que te devuelva a tu nación o quedarte en la mía?" ("Yoatzin", 73).

Irónicamente, la respuesta del joven sugiere que es un ser desplazado y confundido. El resultado es el fuerte contraste entre el hombre y la mujer: ella, segura de sí misma; él, sin sentido de hogar ni de pertenencia, tal como lo revela su dolorosa respuesta: "¿Pero allá qué tengo? No tengo padres, ni tengo hermanos y tampoco tengo mujer, si tú quieres yo me quedo aquí" ("Yoatzin"). Es interesante ver cómo el principal ataque a los privilegios, la confianza en sí mismo y la dominación masculina en los relatos se produce cuando la mujer rechaza al hombre. Este rechazo agrava su sentimiento de fracaso, ya que todos los esfuerzos por capturar al ciervo convertido en mujer se han frustrado y ella ahora le niega el privilegio de conservarla como premio. Su firme conciencia de sí misma y su autonomía se fundan en el rechazo al joven por su falta de sentido de pertenencia y conexión con un espacio o un pueblo.

En este relato se dramatiza de manera mordaz la situación en la que la persona liberada rechaza a su liberador y este, ahora, ve más allá de los actos egoístas de rescate. También, se apunta a la capacidad de las mujeres para recuperarse de una situación de opresión y desafiar el sistema patriarcal mediante el desarrollo de identidades nuevas e independientes:

—¿Pue' aquí te quedará'?
¿Quieres matrimonio?
—¿Cómo vo'a querer matrimonio, con quién? La mujer señaló a la cierva.
—¿Qué yo puedo casarme con una cierva?
—Bueno, ¿qué tú no ibas siguiéndola?

—No me seguías a mí, la ibas siguiendo a ella,
¿No sufri'te por agarrarla?
—Bueno, ¿y cómo me caso con ella?
—Cierra tu' ojo'.
Cerró lo' ojo y cuando lo' abrió había desparecido la mujer, sólo quedaba la cierva.

El rechazo de la mujer al hombre nos sugiere que los afromexicanos se sienten obligados a identificarse con su propio pueblo a nivel local. Se insinúa que, si bien puede haber una necesidad de establecer vínculos y buscar aceptación en la comunidad mexicana en su conjunto, también existe una necesidad de comprender la comunidad local y tener un sentido de conexión con ella. Entonces el patrón de opuestos mujer indecisa/hombre seguro de sí mismo se altera con la presentación de la mujer como alguien que comprende la importancia de la conexión entre identidad, ser y nación. La mujer muestra autoconocimiento, fortaleza y comprensión de sus verdaderos valores, al demostrar que su identidad no depende ni está determinada por una conciencia androcéntrica. A pesar de que al comienzo aparece deseoso de dominar a la mujer y la naturaleza, el joven luego se revela débil e inseguro, a la vez que ella se empodera con el desarrollo de su identidad autónoma y la conexión con su nación. Asimismo, su metamorfosis se puede considerar un signo de la versatilidad para adaptarse a diferentes contextos, desafiar y controlar, a la manera de Legba, las condiciones de representación y significación.

El diálogo revela, además, que las relaciones de género son importantes para las construcciones de nación. Sin duda, en el discurso y la construcción nacional de México se omite invariablemente no solo a los hombres afroamericanos, sino también a las mujeres negras y sus problemáticas. Además, las percepciones y nociones de masculinidad y femineidad se construyen y apoyan en el marco del discurso nacionalista sobre la inexistencia de este grupo étnico. Las nociones específicas de masculinidad y femineidad que se sustentan en México no incluyen las especificidades de la realidad de hombres y mujeres afromexicanos. Yoatzin habla y, de manera metafórica, disputa y desafía la condición de ciudadana que la posición oficial de su país le asigna. En efecto, la ciudadanía implica una pertenencia en distintos niveles a una variedad de colectivos: el local, el étnico, el nacional y el transnacional (Yuval-Davis 1997, 69). La afirmación de Yoatzin puede, por ello, ser considerada como un intento subversivo de destacar las formas expresas de negación de derechos civiles, políticos y sociales a mujeres y hombres afromexicanos. Incluso se puede interpretar como un rechazo a la agenda nacionalista que ignora a los hombres y las mujeres afromexicanos y niega su existencia en México.

El relato ridiculiza, al mismo tiempo, todo intento de considerar a los afromexicanos en términos peyorativos y despectivos. El tono innegablemente firme de la joven y la confianza en sí misma hablan de una comprensión sólida de sus derechos y su condición en un país que es su hogar y, además, revelan una profunda valoración por el hecho de que la pertenencia a una comunidad se establece mediante lazos duraderos (Yuval-Davis 1997, 69). En otras palabras, esta representación de la definición que la mujer afromexicana hace de sí misma se relaciona, de manera integral, con la comprensión que tiene del lugar que ocupa en la nación y de cómo los procesos nacionales y étnicos afectan su posición en México. Es por esta razón que la joven no está dispuesta a dejar el lugar con el que se siente vinculada y comprometida para irse hacia una tierra desconocida. Su declaración, entonces, tiene que ver con el conocimiento de sí misma, el derecho y el lugar que ocupa en la colectividad mexicana. Yoatzin afirma categóricamente su comprensión de la interrelación entre género, nación y empoderamiento femenino. Se puede decir que el aspecto más poderoso de la declaración de Yoatzin es enfatizar hasta qué punto los hombres y las mujeres no constituyen categorías homogéneas (Yuval-Davis 1997, 116). En otras palabras, la mujer es completamente consciente de que es capaz de elegir por sí misma y no tiene que complacer los deseos del joven, de la misma manera que él no tiene que complacer sus deseos.

El desarrollo de la trama también implica una subversión de la ideología masculina que promovió el colonialismo en su intento de expandir su territorio y controlar a los habitantes de las tierras apropiadas. La muchacha atrae al joven crédulo con la idea de matrimonio y luego revela que lo ha alentado falsamente solo para enseñarle la importancia de valorar su propio lugar o comunidad. Esto quiebra la consideración equivocada del joven acerca de que la mujer le pertenece, así como la actitud de considerar que tiene derecho sobre ella. Esta actitud es similar a aquella desplegada por los colonialistas en su plan de invadir y dominar otras tierras y sus pueblos. De hecho, el feminismo y su crítica al colonialismo/imperialismo son ineludibles en el siguiente intercambio y reto:

—Yo seré tu esposa, bésame.
Al besarla se de'vaneció y de'pertó en la orilla del río abrazando el tronco de un árbol y preguntó:
—¿'ónde e'tá mi mujer?
—¿Cuál mujer? Tú no tiene' mujer ni tiene' familia, e'taba' soñando. Te hechiza'te porque te acerca'te mucho a la tierra a 'onde no se debe pasar, tú te debe' quedar, tú te debe' quedar en tu aldea. ("Yoatzin", 74)

La mujer que emerge al final del relato, segura de sí misma y con críticas a la confusión, ambigüedad y la actitud arrogante del joven, recuerda y refuerza los procesos de transformación que ella experimenta antes de afirmar su identidad como mujer e, incluso, ofrecerse como esposa. A su vez, destaca la importancia del proceso de transformación o autoinvención de la crítica feminista. De acuerdo con Edward Baugh (1991, 3–4): en la tradición de las novelas de aprendizaje orientadas al hombre, el héroe busca su afirmación jamás se pone en duda que es un ser autónomo, un nicho privilegiado de individualidad. La mujer no puede apoyarse en una idea de seguridad similar. Se encuentra en un mundo donde su identidad ya está determinada por una conciencia androcéntrica. Ella solo es creada, no una creadora. Es, en otra formulación feminista, la prueba que la mente masculina creadora escribió. Por ello, tiene que inventarse a sí misma virtualmente desde cero.[2]

De hecho, la "metamorfosis del ser" de la mujer anticipa, de manera contundente, una visión feminista de que la mujer puede ser liberada del confinamiento y las restricciones impuestas por quienes se apoyan en las nociones patriarcales, al convertirse en lo que ella quiere y crear nuevas identidades. De hecho, es inequívoco el sentimiento de independencia, libertad y satisfacción que parece emanar de la capacidad de la joven para confundir al personaje masculino con sus transformaciones porque lo deja inmóvil intentando comprender su lugar de pertenencia. Estos sentimientos también actúan como un poderoso rechazo a las construcciones prejuiciosas impuestas por los hombres acerca de lo que la mujer es o lo que puede hacer. Sin duda, el contraste entre la mujer fuerte y el joven hombre indeciso e inseguro es irónico e impactante.

Se puede decir que la complejidad de este relato folklórico descansa en sus contradicciones intrínsecas, dado que la supuesta falta de carácter de Yoatzin, que luego se revela como una mujer ingeniosa, posiciona al joven hombre como víctima. Así como él intenta dominarla, ella intenta darle una lección; esto equivale a aprovechar una oportunidad para dominarlo, por lo que podemos admitir estar en presencia de un proceso de dominación bidireccional. En otras palabras, ni ella es una "víctima pura" ni él es un "opresor puro" en esta situación. Se puede decir que ambos reciben distintos grados de castigo y privilegio de los múltiples sistemas de opresión que enmarcan la vida de todos (Hill Collins 1999, 287).

Autoconstrucción y supervivencia femenina

El relato folklórico de Luis Petatán Mariche (1991) titulado "Juaniquito el oso" establece desde el comienzo los patrones de oposiciones tradicionalmente relacionados con el género. El hombre sostén y líder sale a trabajar todos los días y deja instrucciones estrictas a su esposa:

> E'te era un hombre que tenía su esposa, [sic] todos los días salía a trabajar, se iba muy temprano, a su esposa le encargaba que fuera a darle agua al caballo, pero temprano, también le decía que tuviera cuida'o porque andaba un animal peligroso que era el oso. ("Juaniquito el oso", 86)

A lo largo de este cuento se presenta una imagen inequívoca de las posiciones de poder según las cuales los hombres asignan tareas a las mujeres. Asimismo, los planteos binarios que refuerzan estas posiciones de poder en la relación entre mujer y hombre incluyen: sostén/receptora, instructor/seguidora, líder/liderada. Estos se fortalecen al alinearse con otros planteos binarios poscoloniales, tales como: gobernador/gobernado, opresor/oprimido. La representación ideológica tradicional se refuerza aún más cuando el oso captura salvajemente a la mujer. La explicación patriarcal es, por supuesto, que el oso captura a la mujer porque esta no obedeció la orden que le había dado su marido o gobernante, de hacer sus tareas temprano para evitar al animal:

> también le decía que tuviera cuida'o porque andaba un animal peligroso que era el oso. Ella así lo hacía, pero un día se le olvidó ir temprano y cuando se acordó ya e'taba cerca el oso, ella pue' se puso a gritar pero llegó el oso y le dijo:
> —¡Apúrate, vámono'!
> ("Juaniquito el oso", 86)

El sometimiento de la mujer continua, en tanto el oso la coloca en una situación más opresiva aun bajo su control tiránico total. El cuento se convierte en una metáfora extendida de la violencia intrínseca del colonialismo/imperialismo, en tanto refleja esa relación explotadora de dominación y sometimiento de hombre a mujer. El desdoblamiento de esta situación dramatiza llamativamente los modos de funcionamiento del patriarcado como un sistema desigual de poder que requiere de la dominación y la sumisión para funcionar.

La condición de prisionera de la mujer contrasta drásticamente con la libertad de los personajes masculinos de otras historias para salir de viaje según su voluntad. En todos los cuentos donde el motivo de la travesía o el viaje es clave, los hombres lo realizan con el fin del autodescubrimiento. En este caso, la mujer es sacada a la fuerza del lugar que conoce y es llevada en una travesía para convertirse en esclava de un salvaje, un animal salvaje.

El paralelismo en la construcción social del género y la naturaleza es evidente en la relación entre hombre/oso, mujer/naturaleza implícita en el reconocimiento del oso como un atacante feroz y predador de otras especies en el ambiente natural:

> Y que se la lleva a su cueva, en la que vivía él, ahí la metió y en la entrada le puso una piedra grande para que no se saliera sólo [sic] él la movía. Así se salía él a cazar, le traía carne, luego ella como no era animal asaba la carne para molerla y él no, así se la comía ("Juaniquito el oso", 86).

No hay reciprocidad entre la mujer y el oso; es una relación de dominación, imposición, opresión y violación sexual. El sufrimiento de la mujer negra y esclava es claramente representado en este cuento alegórico en el que se la priva de la libertad de elegir y del control de su propio cuerpo. Las reiteradas violaciones a las que el oso la somete, representación metafórica del hombre dominador y violento, indican de manera dual los vínculos entre género y naturaleza/ecología. Las mismas imágenes de efectos destructivos en el entorno que la palabra "violación" evoca cuando se la utiliza en relación a la naturaleza, también se presentan cuando se usa en referencia a la violación sexual de una mujer. Tal como lo afirma Griffin (1997, 225): de manera fortuita, esta metáfora (violación) sugiere una profunda conexión entre la construcción social de la naturaleza y la construcción social de la mujer y simultáneamente, describe el deseo de conquistar y violar a la mujer y la naturaleza, a la vez que siente un temor menos evidente de ambas.

Ecos de la esclavitud

La determinación de la mujer a sobrevivir a los horrores del cautiverio y elaborar una estrategia para lograr su libertad también evoca la relación esclava/amo. Los relatos históricos señalan que las mujeres esclavas con frecuencia fingían aceptar la situación al adoptar un comportamiento dócil. De manera similar, la mujer del relato finge haberse entregado por completo al sometimiento del oso y logra que no se sienta amenazado ni sospeche de su rebelión silenciosa. Al igual que la mujer esclava cuya violación por parte de los amos blancos y los capataces con frecuencia producían un descendiente mulato, en el relato los reiterados ataques sexuales del "amo" opresor al cuerpo de la mujer producen un niño híbrido, "mitad hombre, mitad oso". Como lo hacían muchas mujeres negras esclavas registradas en la historia, en el relato ella protege y alimenta al bebé, a pesar de la naturaleza de la relación y la brutal figura paterna. Mientras satisface sus necesidades diarias y las del niño, la mujer despliega una resiliencia silenciosa y un fuerte deseo de sobrevivir a los horrores de la esclavitud imperialista. En otras palabras, utiliza este "espacio de negación" como un sitio de autoconstrucción y autopreservación y silenciosamente desafía los intentos enérgicos del oso de utilizar la crueldad, la virilidad y la masculinidad para sojuzgarla. En su callada y aparente aceptación de la opresión, la mujer demuestra, además, lo que Gilroy (2001, 205) caracteriza como una doble conciencia, una doble visión que les asegura a las personas de la diáspora estar en dos lugares al mismo tiempo y mantener una doble perspectiva sobre la realidad. Esta doble conciencia/doble visión la empodera en el bosque, donde sus tareas diarias nos recuerdan el trabajo esclavo de las mujeres negras. De hecho, la defeminización de la esclava negra (Beckles 1999, 10) se refleja en el modo brutal en el que la mujer es llevada a habitar una cueva con un oso, a convertirse en su concubina, sirvienta, agricultora y sostén y a soportar el duro entorno del bosque. El nacimiento del hijo nos recuerda vívidamente que las esclavas negras eran, no solo violadas reiteradamente, sino además obligadas a parir para asegurar la continuidad de la esclavitud (ibid., 8). Sin embargo, a diferencia de la situación esclava/amo en la que la esclava negra tenía hijos para aumentar la cuadrilla de trabajadores, la mujer de este cuento engendra un niño que se convierte en la nueva generación de rebeldes que finalmente logra liberarla. Este niño llega a simbolizar la respuesta al dilema afromexicano de encontrar una salida a la continua opresión y a los vestigios del colonialismo. Finalmente, el niño vence a su padre, el oso, el colonizador imperialista y consigue la liberación e independencia de su madre. La silenciosa complicidad de la mujer con su hijo remite a la manera en que las esclavas desafiaban la opresión de género sin necesariamente lanzar ninguna protesta violenta. La postura rebelde ayuda al joven a desarrollar una actitud que contribuye a liberar su propia conciencia de las estructuras políticas de control y dominación.

La coexistencia y la armonía hombre/naturaleza y hombre/mujer

La importancia de que el personaje masculino encuentre su destino sirve como el principal punto introductorio en la historia "Blanca Flor". Al buscar su destino Juan aprovecha la oportunidad de abusar de la debilidad de una mujer joven y vulnerable. El encuentro irónico que tienen, le presenta al joven la oportunidad de afirmar su inclinación natural hacia la dominación y el control. Juan se encuentra con Blanca Flor disfrazada de paloma mientras esta vuela de un árbol a otro junto a una bandada de hermanos. La transformación inesperada que sufren es revelada por los comentarios de incredulidad de Juan: "¡Qué bonitas palomas! Pero son gentes, cayeron como palomas y 'óra son gente" ("Blanca Flor", 76). Al comienzo se identifican como palomas y esto lleva al joven a establecer todas las asociaciones metafóricas de docilidad y timidez y, por lo tanto, fortalecer su percepción de sí mismo como agente controlador y dominante en la situación. Una lectura ecofeminista se puede realizar al establecer un paralelo entre la construcción social del género y la naturaleza, cuando Juan reconoce la oportunidad para dominar rápidamente, primero, la naturaleza, la paloma y, luego, a la mujer. En ese momento, Juan encuentra una manera de hacer que la paloma más hermosa sea vulnerable a su control:

> se desenvolvieron y nomá' hicieron turrrr y ya eran unas muchachas bonitas, pero bonitas, de la' tre', la chiquita se llamaba Blanca Flor. Dice el muchacho:
> —Le vo'a esconder la' plumita a la má'chiquita, e'tá bien bonita.
> ("Blanca Flor", 76)

En un rápido acto de engaño, Juan le saca las plumas y las esconde, de la misma manera en que el hombre le quita a la naturaleza su exuberancia y, según la simbología ecofeminista, le quita a la mujer su poder para poder ejercer control sobre ella misma. El engaño, entonces, resulta una herramienta útil para que Juan gane la confianza de la mujer y pueda ejecutar su plan para hacerle sentir que lo necesita y por lo tanto llevársela. La mujer, al reconocer su vulnerabilidad en su estado de despojo, sin plumas, acepta el ofrecimiento de Juan de protegerla, mantenerla y cuidarla. La sensación de poder que tiene sobre ella, por supuesto, aumenta enormemente con su demostración de exposición y vulnerabilidad:

> Blanca Flor se quedó sentada llorando, desnuda, llora y llora, ahí sentada. Al largo rato que se habían ido la' palomas salió él, pero ella no llegó a creer que él le había 'garra' o la' plumita,' solamente él había llegado 'onde e'taba ella.
> ("Blanca Flor", 77)

En el espacio desconocido de la casa de Juan, ella resiste en silencio los intentos del joven de redefinirla e implantar la particular construcción de identidad femenina que él tiene. Juan no le devuelve su plumaje natural; en cambio, lo esconde con la complicidad de su hermana. Blanca Flor no encuentra ningún tipo de placer en las prendas, vestimenta antinatural que Juan decide que debe llevar, y se embarca en un proyecto secreto para encontrar sus propias prendas. La búsqueda incansable que lleva a cabo revela la negativa de la mujer a legitimar la captura y las prendas impuestas. Esto implica, además, la capacidad de la mujer de resistir la tiranía masculina y desarrollar una estrategia para liberarse. La negativa de la mujer a aceptar las prendas que Juan elige para ella, asimismo, sugiere el rechazo al patriarcado y a las ideologías que consideran a las mujeres no individuos, sino objetos sin capacidad de elección.

La recuperación final de sus prendas/plumas originales le permite a la mujer echarse a volar. La lucha física del ave/mujer simboliza la capacidad para desarrollar su propio espíritu de independencia y una estrategia para la huida emocional y mental. Al mismo tiempo, la facilidad para transformarse indica que la mujer puede convertirse en lo que necesite para huir o sobrevivir a la opresión. Irónicamente, Juan no la considera capaz de tomar control y solo ve en ella la belleza. En esta actitud está implícita la consideración frecuente de la naturaleza más por su función decorativa que por su derecho a la existencia como sujeto vivo con agencia. El vuelo facilita la autoafirmación y la valentía, de modo que cuando Blanca Flor admite que el joven la busque de nuevo y la lleve a su tierra, los términos del acuerdo y compañía son diferentes. Ya no le hace creer que lo necesita para salvarse de una situación desesperada; en cambio, acuerdan permanecer juntos, reconocen que se necesitan mutuamente y expresan voluntad para ayudarse. La nueva relación plantea un paradigma según el cual hombres y mujeres se relacionan en un marco de respeto mutuo y autocerteza y reconocen que cada uno contribuye a que la relación sea productiva y armoniosa.

El pensamiento feminista negro y el *mujerismo africana*[*]

Tanto el pensamiento feminista negro como el *mujerismo africana* constituyen dos lentes esclarecedoras a través de las cuales se pueden analizar algunos de relatos folklóricos. El pensamiento feminista negro promueve el debate sobre las maneras en que las mujeres negras deberían/pueden desarrollar su propio empoderamiento y autodeterminar sus propias acciones en contextos donde son víctimas del dominio hegemónico del poder o de opresiones de raza, clase, género y sexualidad que se entrecruzan (Hill Collins 1999, 230). Además, se considera que la autodefinición se alcanza a través del desarrollo de una

---

[*] Nota de las traductoras: tomamos *mujerismo africana* siguiendo la traducción de Nnaemeka, Obioma (2008) en Conferencias internacionales como escenarios para la Lucha Feminista Transnacional: el caso de la primera Conferencia Internacional sobre las Mujeres de África y de la Diáspora Africana. En: Sylvia Marcos, Marguerite R. Waller, Rocío Suárez López e Isabel Vericat (editoras). *Diálogo y diferencia: los feminismos desafían a la globalización*. Universidad Nacional Autónoma de México. Centro de Investigaciones Interdisciplinarias en Ciencias y Humanidades. Disponible en: http://cedoc.inmujeres.gob.mx/PAIMEF/Morelos/mor01.pdf.

"conciencia de mujer", o una mente crítica que entiende cómo las instituciones sociales, los hombres y diversas estructuras de poder se organizan para oprimir a las mujeres negras. La importancia de resistir la dominación para establecer una agencia individual y grupal también es un concepto que resaltan las teorías feministas negras.

El mujerismo africana es similar al feminismo negro en su afán de interrogar al género desde una perspectiva afrocéntrica, basada en la afirmación de que la corriente principal del feminismo no refleja de manera precisa las luchas de las mujeres negras. De acuerdo con Hudson-Weems (1993), quien acuñó el término mujerismo africana, es una ideología creada para todas las mujeres de origen africano que está fundada en la cultura africana y, por ello, se centra necesariamente en las experiencias, luchas, necesidades y deseos particulares de estas mujeres. Más adelante, Hudson-Weems (1993, 31) declara: eEl mujerismo africana, más que feminismo, feminismo negro, feminismo africano o el mujerismo, es una alternativa concebible para la mujer africana en su lucha colectiva con toda la comunidad. Aumenta las futuras posibilidades de dignidad para las mujeres de ascendencia africana y sensibilidad hacia todas las personas. En síntesis, el reclamo de las mujeres de ascendencia africana mediante la identificación de nuestra propia lucha colectiva y la intervención sobre esa base es un paso clave hacia la armonía y la supervivencia. El mujerismo africana no ha sido adoptado por todas las mujeres negras de la academia por varias razones. Una de las críticas más frecuentes es a la heterosexualidad como premisa excluyente. Más allá de estas problemáticas, me interesan los principios generales del abordaje, especialmente, en cuanto a las similitudes con el feminismo negro. De ninguna manera me interesa fomentar ni rechazar ninguna preferencia sexual en particular.

Varios principios del mujerismo africana son útiles para este estudio por lo evidentes que resultan en los diferentes relatos folklóricos que han sido analizados previamente. Por ejemplo, la fortaleza psicológica y la física se consideran dos características importantes del mujerismo africana. En "Juaniquito el oso", la prolongada fortaleza del personaje femenino negro se despliega desde el momento que es capturado por el oso, sobrevive a las condiciones opresivas, tiene un hijo de su opresor, lo cría y finalmente logra la libertad. Una segunda cualidad del mujerismo africana, la autodefinición, se describe de manera poderosa en el personaje de Yoatzin, la mujer segura de sí misma que en el bosque declara, Yo soy realidad y esta es mi nación. Su segura afirmación encuentra sustancia en la tesis de Hudson-Weems (1993, 57), la mujerista africana se define a sí misma.

La colaboración entre las mujeres y los hombres

En el relato folklórico "Morena" narrado por Catalina Bruno (1990) la protagonista femenina negra, cuyo nombre alude claramente a su raza/etnicidad, es presentada como la hija de un rey que será entregada al hombre que advine su nombre. La mujer sobrelleva un período de incertidumbre mientras un hombre tras otro fracasa en la prueba. Morena, al igual que otros personajes femeninos presentados en otros relatos folklóricos, aparece como el premio objeto que espera que algún hombre "inteligente" la gane. Por supuesto, el principio de oposición en el que operan las restricciones de género tradicionales es que el hombre es inteligente y, por lo tanto, la mujer ingenua y vana. Cuando finalmente, Puertasiban, un hombre aparentemente inteligente, recibe a la joven como premio, ella rápidamente demuestra con sus consejos y cuidados que, a pesar de que no se la valora por sus capacidades intelectuales, comprende cuáles son las falsedades y los peligros de la vida. Se puede decir que la intención de afirmar la etnicidad de la mujer se evidencia cuando Puertasiban presupone objetivamente que el nombre de la mujer es "Morena" y, de hecho, acierta. El reconocimiento inmediato del nombre implica que Morena es consciente que este la define, al modo mujerista africana y, más aún, que no le perturba que la identifiquen como una mujer negra.

Morena exhibe las características del mujerismo africana en tanto demuestra que no es la contraparte vana de su nuevo esposo, quien se gana su cariño cuando reconoce accidentalmente su condición de mujer negra. Se proyecta a sí misma como una compañera capaz de tomar decisiones y hacer elecciones para ambos. La mujer detalla los peligros a los que se enfrentan por haber recibido una herencia del rey y se esfuerza por hacer que su esposo vea las posibles amenazas que él desestima en perjuicio propio. A medida que la historia se desarrolla, Morena comprende los privilegios y el sexismo de los hombres y la opresión que ejercen. Estas características se expresan en el misógino tirano que derrota a su marido para luego capturarla y manifestar con orgullo su credo personal: "Las mujere' son el Diablo. . . . Por es' o no te tienen confianza. Lo hombre' a la mujere'" (p. 113). Indudablemente, este credo, que es objeto de examen y condena, desaparece con la destrucción del hombre.

La conciencia de mujer que algunas feministas negras sugieren como necesaria para vencer algunas ideas hegemónicas está implícita en la posterior colaboración de Morena con su esposo para asegurar la liberación de ambos. Además, Morena expone dos características importantes del mujerismo africana, tal como lo detalla Hudson-Weems (1993). En primer lugar, durante mucho tiempo planifican en conjunto la huida de cada uno por separado. Se ve a la mujer trabajar en colaboración con el hombre para la liberación. Tal como afirma Hudson-Weems (1993, 61): la mujerista africana invita a su compañero a participar en su lucha por la liberación y la igualdad en la sociedad, dado que esta lucha ha sido tradicionalmente lo que los ha unido y les ha permitido sobrevivir en un sociedad hostil.

La segunda cualidad del mujerismo africana que Morena expone es el deseo genuino de estar acompañada positivamente por un hombre. Una vez que Morena se da cuenta de la sinceridad del joven que adivina su nombre y la recibe como premio, la situación de ambos se vuelve más agradable; se respetan como individuos. Una vez que se liberan del tirano, ella alienta una relación basada en afecto y apoyo mutuo, un aspecto importante de una familia africana positiva (Hudson-Weems 1993, 66).

En "La ranita", relato folklórico humorístico que invita a la reflexión, también narrado por Catalina Bruno (1991), los tres hijos del rey salen a buscar esposas y fortuna. Los dos primeros se encuentran con mujeres que tienen desafíos físicos: la primera es ciega y la segunda no tiene manos. La reacción de los dos hombres hacia las limitaciones físicas de estas mujeres da cuenta amargamente de su forma de concebirlas y el papel doméstico o utilitario que creen debería tener para valorarla o no. El primer hijo encuentra a una mujer ciega y declara: "no hay muchacha' solamente e'ta ciega, ¿qué voy a'cer?" (p. 93). Sin duda, el joven equipara la condición de mujer a sus atributos físicos e ignora todas las demás cualidades encomiables o dignas de mención que puede poseer. Lo mismo sucede con el segundo hijo que parece estar preocupado principalmente por la imposibilidad de la mujer de servirlo y hacer trabajo manual. Al principio, la descarta y pregunta molesto: "¿Pa' que' me va servir? Pue' pa' nada" (ibid.).

Por el contrario, el tercer hijo se encuentra con una mujer sapo y su reacción es una muestra de la importancia de valorar y estimar a las mujeres. El joven, para su beneficio propio, escucha al sapo y permite que ella lo guíe e instruya. La mujer, que había sido atrapada en el cuerpo del sapo, aparece y demuestra ser segura de sí misma, fuerte y desenvuelta. El joven la acepta a pesar de su supuesta fealdad y ella demuestra ser original, creativa segura y, más aun, tener interés por el bienestar de los demás. Finalmente satisface al príncipe que no la rechaza por su apariencia física o presunta falta de valor/mérito.

Es interesante ver que la mujer convertida en un feo sapo resulta ser más hermosa que las otras dos porque lleva a cabo acciones que transforman la vida familiar del joven. Las consideraciones del atractivo y la perfección física de la mujer quedan descartadas, el rey la acepta cuando el hijo expresa su deseo de llevarla a la casa junto a las cuñadas humanas. Finalmente estas resultan no ser compasivas en su trato hacia los demás. La representación dual de la mujer sapo expresa los modos en que la humanidad puede beneficiarse incluso con los elementos menos valorados de la naturaleza. En un sentido similar, dicha representación revaloriza a la mujer, no a partir de nociones de belleza basadas en atributos físicos, sino como una persona capaz de contribuir a la construcción de la familia y la nación, al igual que el hombre. Además, subraya una crítica a la valoración de las mujeres por su belleza física, tal como la define el patriarcado, es decir, lo que los hombres consideran atractivo y vulnerable.

Finalmente, el análisis de los relatos folklóricos revela un entramado de problemáticas e ideas de género y raza que se cruzan con construcciones de nación. En otras palabras, algunos relatos llevan implícita una conciencia de los vínculos entre espacio, pertenencia y autoconstrucción. En segundo lugar, algunos relatos folklóricos también desarrollan políticas de empoderamiento de los personajes femeninos negros que socavan y subvierten la explotación y los intentos de dominación por parte de sus parejas.

Varias teorías aportan marcos conceptuales para analizar estas historias. Por ejemplo, la crítica ecofeminista permite evaluar cómo la naturaleza y el comportamiento humano se hacen eco entre sí; asimismo, contribuye a demostrar cómo se puede establecer un paralelo entre representaciones de la naturaleza y textos acerca de la colonización y la opresión de los pueblos, la explotación de las mujeres, en particular las negras, en el marco del patriarcado. La eliminación de los límites definidos entre la naturaleza y los seres humanos simboliza el desdibujamiento de las fronteras entre el hombre y el otro o la mujer, el ser/sujeto y el otro. La proyección de la naturaleza como sujeto a menudo establece simbólicamente la agencia/subjetividad femenina y el rechazo al patriarcado.

Los relatos folklóricos sugieren que la política de empoderamiento de la mujer negra también implica una conciencia de cómo, cuando los hombres negros llevan a cabo prácticas sociales que buscan perpetuar su subordinación, invariablemente terminan reconociendo, aunque tarde, que ellos mismos también son víctimas de una opresión mayor que involucra problemáticas de espacio, pertenencia e identidad y, por lo tanto, necesitan forjar sus propias identidades independientes. La tiranía masculina se suele subvertir en los relatos, a la vez que las representaciones positivas de mujeres negras que buscan su liberación, autodefinición y una comprensión de su espacio en el marco de la nación son presentadas como modelos del empoderamiento femenino.

Sin duda, en el discurso sobre nación, género y raza, estos temas se entrecruzan de maneras diversas y complejas. Efectivamente, estos cuentos preservados y narrados por afromexicanos, insinúan que así como la comunidad afromexicana se ve perjudicada por proyectos nacionalistas y procesos étnicos y culturales en el nivel nacional, las relaciones entre hombres y mujeres están atravesadas por varias concepciones de cultura. Cuando las mujeres negras luchan para empoderarse y establecer identidades, lo hacen inevitablemente en el marco de constructos más amplios de nación, raza y campos de poder hegemónicos.

3.
La masculinidad, el lenguaje y el poder en una selección de corridos afromexicanos

All masculinities, even the most radical and counteractive are ultimately performances of and searches for certainty of self, role and image.
[Todas las masculinidades, incluso las más radicales y neutralizantes son, en definitiva, representaciones y búsquedas de la certeza del ser, el rol y la imagen.]
—Curdella Forbes, *From Nation to Diaspora* [De nación a diáspora]

No language is neutral seared in the spine's unravelling. . . . What I say in any language is told in faultless knowledge of skin, in drunkenness and weeping, told as a woman without matches and tinder not in words and in words and in words learnt by heart.
[Ningún lenguaje es neutral, ni está sellado en la dilucidación del espinazo . . . Lo que digo en cualquier lengua, lo digo con impecable conocimiento de la piel, borracha y llorosa, como una mujer sin fósforos ni yesca, no con palabras y palabras y palabras aprendidas de memoria.]
—Dionne Brand, *No Language Is Neutral* [Ningún lenguaje es neutral]

La cuestión de la masculinidad ha generado numerosos estudios críticos que dieron lugar a varias teorías diseñadas para establecer estructuras comprensibles de análisis de sujetos de identidad masculina. Indudablemente, estos estudios han subrayado la complejidad del término y las dificultades inherentes al intento de establecer puntos en común con teorías de diversos campos. La teoría de la emasculación, formulada por primera vez por Frantz Fanon (1970), ha sido rechazada por psicólogos como Tim Edwards (2006), porque no aborda la masculinidad en términos de género.[1] Edwards recoge la afirmación de Robert Connell (1995, 71), según la cual la masculinidad es una posición en las relaciones de género, prácticas y experiencias del cuerpo, la personalidad y la cultura mediante las cuales hombres y mujeres se vinculan. En efecto, Connell, cuya investigación ha sido reconocida por haber establecido algunos de los conceptos fundamentales de la construcción de identidades masculinas, también desestimó las cuatro amplias categorías que tradicionalmente han proporcionado las bases para la definición de la masculinidad.[2]

El abordaje de las identidades masculinas, al que adhieren numerosos sociólogos y especialistas en estudios de género, se nutre de amplias teorías construccionistas sociales centradas en la noción de construcción de género. Una de ellas es la noción de que tanto "hombre" como "mujer" son categorías creadas social y culturalmente (Jandt y Hundley 2007, 219). Se acepta el construccionismo social como una estrategia efectiva para definir la masculinidad porque prescinde de la idea de que las diferencias de género están determinadas biológicamente. Por lo tanto, el género no es una "categoría fija", sino que "hombre" y "mujer" son entendidas como categorías creadas social y culturalmente (ibid.). Rafael Ramírez (1993, ix) aclara esto de la siguiente manera: el construccionismo social reconoce que todas las sociedades establecen diferenciaciones de género. Los dominios masculino y femenino se definen a partir de atributos, tareas y símbolos específicos. Los sujetos se reconocen como hombre o mujer y son evaluados en conformidad con las expectativas de género. Esto que significa ser hombre o mujer es una construcción social. Si bien están integradas a diferencias biológicas, las construcciones de género no se determinan biológicamente. El construccionismo social también rechaza la noción de una comprensión unidimensional de la masculinidad; propone la aceptación de una pluralidad de masculinidades. Connell (1995, 8) plantea la idea de que algunas masculinidades son hegemónicas y dominantes mientras que otras son subordinadas y marginadas. De acuerdo a Connell (p. 227), hegemónico se refiere a la masculinidad de aquellos hombres que detentan el poder. También sostiene que la masculinidad hegemónica es la manifestación socialmente dominante de la masculinidad en el marco de una cultura particular de un período histórico dado.

Por el contrario, entonces, la masculinidad subordinada se referiría a la masculinidad establecida por hombres que no detentan el poder en la sociedad. En principio, parecería que la categoría más apropiada para las expresiones de masculinidad de los hombres afromexicanos sería la de subordinada. Sin embargo, el siguiente análisis demostrará que esto no es tan simple como parece. De hecho, la idea de que incluso la "masculinidad subordinada" no es una categoría "fija" e inamovible, también se examinará más adelante en este capítulo.

La masculinidad en un contexto poscolonial

En las sociedades caribeñas así como en otras sociedades poscoloniales, la masculinidad como búsqueda de identidad individual y autoafirmación ha sido vinculada a la historia de las luchas contra los poderes imperialistas. Entre estas están la lucha contra la esclavitud y la lucha por la soberanía y la identidad nacional. Hilary Beckles (2004, 227) ha establecido que desde los inicios de la sociedad esclava caribeña, la masculinidad de los negros esclavizados se construía a través de la interacción con estructuras hegemónicas de la masculinidad blanca. El autor sostiene que esta reacción ante la esclavitud ha continuado en las sociedades caribeñas contemporáneas en las que los hombres oprimidos/marginados forjan identidades individuales y luchan para afirmar estas identidades independientes. Beckles sostiene que en contextos pos y neocoloniales, las masculinidades caribeñas se conceptualizan y experimentan en distintos niveles de subordinación y lucha por la condición de persona, el reconocimiento, la visibilidad, la ciudadanía y el poder, considerados derechos de nacimiento (ibid.). De manera similar, Kenneth Ramchand (2004) considera que la construcción de la masculinidad y la femineidad como búsqueda identitaria en las sociedades caribeñas está relacionada con la historia de la esclavitud, el régimen de servidumbre y el colonialismo. Afirma expresamente que las construcciones tanto de masculinidad como de femineidad han sido estructuradas por los imperativos de los sistemas de opresión y explotación organizados. Aquí, la lucha de la persona invisible o invisibilizada emerge como una individualidad para visibilizarse y dejar una marca en el mundo. La necesidad de encontrar el verdadero ser existe tanto para los hombres como para las mujeres (p. 312).

De hecho, Kimmel y Messner (1995, 302) apoyan las ideas anteriores al afirmar que la masculinidad no es estática ni inmutable, sino moldeada por el contexto histórico y cultural. Se han presentado diversas caracterizaciones de los contextos de los afroamericanos en los capítulos previos, para mostrar que, a diario, los propios afromexicanos luchan, negocian y resisten las realidades de invisibilización, racismo y desigualdad social y económica. El estudio de la masculinidad en el marco de la diáspora afromexicana puede, por ello, ser abordado a través de los mismos paradigmas utilizados en el análisis del contexto caribeño general. Ambos se caracterizan por la marginación, el desplazamiento, la pérdida, las historias rotas, la exclusión, la discriminación y también las conflictivas relaciones interétnicas y de clase.

Las construcciones de masculinidad en el contexto mexicano

En la actualidad, se acepta que no existe ningún modelo universal totalmente aplicable al análisis de todas las sociedades, si bien se comparten algunas concepciones generales de la condición de hombre, como las definiciones esencialistas y normativas de lo masculino o las definiciones semióticas sobre la base de diferencias entre hombres y mujeres. Aunque puede existir consenso en algunas amplias áreas vinculadas a las problemáticas de posiciones dominantes/subordinadas, en general, cada sociedad desarrollará su propio concepto de identidad masculina a partir de experiencias sociales e históricas situadas. Alfredo Mirandé (1997, 16) por ejemplo, advierte sobre los riesgos de la aceptación ciega de normas que se aplican más a los hombres blancos que a los mexicanos, en tanto estos grupos han tenido experiencias históricas y sociales completamente diferentes.

Mirandé justifica la necesidad de diferentes abordajes al resaltar las diversas experiencias históricas específicas de México. La primera de estas es el legado precolombino que valoraba la valentía y el coraje; Mirandé (1997, 49) menciona que, a su llegada a México, Hernán Cortés encontró una feroz resistencia y un levantamiento: las tendencias machistas eran muy evidentes en la sociedad azteca mucho antes de la llegada de los europeos. Las numerosas guerras entre aztecas y españoles parecen haber avivado el orgullo por la "hombría" y la hipermasculinidad o la supervirilidad de los hombres mexicanos. Se cree que el relato de algunos enfrentamientos en que los aztecas vencieron a los españoles ha producido un orgullo tal que los mexicanos lo consideran una muestra de quiénes son y su habilidad para defenderse y proteger su soberanía.

Por otro lado, Mirandé (1997) afirma que, en general, la conceptualización de la masculinidad que tienen los mexicanos también tiene sus raíces en el legado cultural español. Antes de la conquista, la sociedad española le asignaba un gran valor a la masculinidad y al patriarcado. Estos valores, a su vez, fueron difundidos a la población indígena con la llegada de los españoles a México.

No puede omitirse en este debate fundamental la opinión del destacado crítico, poeta, ensayista y filósofo ganador del Nobel, Octavio Paz, quien (1994) considera que el ampliamente debatido "culto al machismo" de México es un tipo de camuflaje de los sentimientos de impotencia que los hombres mexicanos experimentaron durante la Conquista. Durante este período, estaban indefensos ante los conquistadores que violaban a sus mujeres y saqueaban sus pueblos. En *El laberinto de la soledad*, una colección de ensayos cautivante, Paz (1994) enmarca sus análisis de la subjetividad, la naturaleza y el carácter mexicano en teorías psicoanalíticas y sociológicas. El filósofo fundamenta que la angustia existencial de los mexicanos ante la soledad, la muerte y la nada, también se traduce en un hondo sentido de impotencia e ineptitud. De acuerdo con Paz (1994, 88), el alarde y el comportamiento machista del mexicano es un intento de enmascarar la soledad y la impotencia producidas por la historia de México, una historia a la que Paz caracteriza, además, como una herida que sufre no solo la nación, sino también el individuo mexicano:

> El mexicano y la mexicanidad se definen como ruptura y negación. Y, asimismo, como búsqueda, como voluntad por trascender ese estado de exilio. En suma, como viva conciencia de la soledad, histórica y personal. La historia, que no nos podía decir nada sobre la naturaleza de nuestros sentimientos y de nuestros conflictos, sí nos puede mostrar ahora cómo se realizó la ruptura y cuáles han sido nuestras tentativas para trascender la soledad.

Aramoni (1965, 280) plantea una idea similar en la que incorpora tendencias patriarcales aztecas y también españolas que abonan la formación de los conceptos mexicanos de masculinidad. En otras palabras, en la conquista se encontraron dos grupos igualmente machistas: eran pueblos militares, depredadores, conquistadores y guerreros, en los que los hombres eran dominantes y las mujeres subordinadas.

Lo que parece ser un componente indispensable en el debate es que acontecimientos históricos como la conquista, la esclavitud y el ascenso de grupos que se establecieron como dominantes en la sociedad, contribuyeron a la formación de identidades mexicanas y la construcción de masculinidades y femineidades. En consonancia con lo anterior, Connell (1995, xxii) declara: la conquista imperial, el neocolonialismo y los actuales sistemas mundiales de poder, inversión, comercio y comunicación han puesto en contacto a sociedades muy diversas entre sí. Los sistemas de género que se producen son patrones locales, pero llevan la marca de fuerzas que conforman una sociedad global.

No obstante la afirmación de Connell (1995), gran parte del debate sobre la masculinidad latina, en general, y la masculinidad/el machismo mexicano, en particular, se centra en la herencia azteca o el resultado de los vínculos entre europeos y aztecas. Esto significa que la construcción de identidades masculinas en la comunidad afrodescendiente se ha ignorado. Se puede decir que la ausencia de una teoría que trascienda problemáticas relacionadas a la conquista española de México y los conflictos resultantes entre aztecas y europeos se relaciona con la idea de Tim Edwards (2006, 64) en relación a que, en general, los estudios de masculinidad consideran únicamente a los hombres blancos. Asimismo, confirma la perspectiva de Connell (1995, xxii) acerca de cómo la "interacción entre las culturas" durante el colonialismo y la globalización poscolonial han relacionado la construcción de la masculinidad con la construcción de jerarquías raciales o étnicas. De hecho, la posición de Connell ofrece una explicación acerca de cómo las interacciones entre grupos raciales también influyen en la construcción de identidades masculinas. Además, contribuye a explicar la omisión de las experiencias de los hombres negros en las definiciones de la/s identidad/es masculinas mexicanas.

La opresión y la marginación que sufrieron los aztecas también las sufrieron los negros. Por consiguiente, en este capítulo masculinidad y femineidad se analizarán, conforme al construccionismo social, como ideologías de género que se construyen cultural y socialmente; como productos de diversos contextos históricos y culturales que influyen en la percepción de hombres y mujeres o en la manera que estos eligen definirse como individuos y en relación a los demás.

La construcción de la masculinidad de los hombres afromexicanos se explorará a partir del análisis de una colección de corridos. El corrido es una balada folklórica en la que se representan diferentes aspectos de la historia mexicana, aunque se lo asocia principalmente a la representación de acontecimientos vinculados a la Revolución Mexicana. Los corridos que se analizarán fueron identificados por Miguel Ángel Gutiérrez, especialista en expresiones culturales afromexicanas, como producciones de la región afromexicana de Costa Chica. Muchos de ellos fueron publicados como parte de un álbum titulado *Traigo una flor hermosa y mortal*. Otros, recogidos de diferentes fuentes, también se incluyen en este trabajo para su estudio.

Es preciso aclararle a gran parte de los estudios académicos comentados hasta ahora que el ejercicio de la masculinidad por parte de hombres afromexicanos en los corridos difícilmente puede ser considerado una única forma subordinada o solo una respuesta a la masculinidad opresora de grupos/gobiernos blancos/latinos. Por el contrario, la masculinidad asume una complejidad con diversos matices cuando se la examina a la luz de interacciones con figuras femeninas de los corridos. Estas, junto a los hombres, son marginadas por el mismo sistema opresivo y, a veces, también por los propios hombres negros en sus relaciones.

Los estudios sobre la construcción de identidades masculinas en las canciones populares producidas en un contexto cultural similar son importantes para el análisis de los corridos. Estos estudios incluyen los trabajos de académicos caribeños como Kenneth Ramchand (2004) y Gordon Rohlehr (2004), quienes han discutido la construcción de la masculinidad en manifestaciones culturales populares del Caribe, incluido el calipso trinitense. El calipso, un género musical tradicional que combina ritmos europeos y africanos, se desarrolló como una forma de protesta contra el mandato británico. Ramchand (2004) señala, además, que la expresión de la masculinidad en Trinidad está históricamente vinculada a la figura del Bad-John [rufián], la vida marginal en el gueto, las clases bajas afrotrinitenses o las personas que se burlan repetidamente de los intentos coloniales de regularlos y civilizarlos (Ramchand 2004, 313).

Gordon Rohlehr (2004, 336) sostiene, asimismo, que en el Caribe la clase marginal que los grupos de élite tienden a criminalizar construye la masculinidad en términos de resistencia, rebelión, agresividad, dureza y a partir del estilo y la reputación que son inseparables de toda representación étnica o de violencia. De manera similar, el discurso sobre la masculinidad en el corrido afromexicano parece construirse sobre la base de un contexto de marginación cultural e histórica particular y, en consecuencia, remite a individuos que se sienten empujados a desafiar el *statu quo* e invertir las posiciones de poder.

La masculinidad, el poder y el lenguaje

Gran parte de las consideraciones acerca del poder y las relaciones de poder ampliamente debatidas y sostenidas provienen del trabajo de Michel Foucault (1980). De hecho, su contribución al debate posmodernista en relación a las definiciones del poder nutre la idea (influenciada en parte por la filosofía de Nietzsche) de que el poder es una acción sobre las acciones *(une action sur des actions)*. Esta idea presenta un contraste respecto a otras teorías del poder como la de Maquiavelo, basada en concepciones jurídico/políticas del poder, y aquella basada en la dominación de clase, propuesta por Karl Marx.

La afirmación de Foucault (1980, 220) acerca de que el poder está inextricablemente vinculado a la subjetividad en la medida en que las personas se convierten en sujetos en las relaciones de poder y a través de ellas es muy conocida. El autor amplía esta definición sosteniendo, en primer lugar, que el sujeto está sometido al control de otro o depende de otro; en segundo lugar, que el sujeto está ligado a su propia identidad por una conciencia o autoconocimiento. A pesar de que Foucault incluye en su teoría sobre el poder la idea de que el poder está en todas partes; no porque lo abarque todo, sino porque proviene de todas partes (ibid.), la afirmación central sigue siendo la misma: el poder conlleva un conjunto de acciones desarrolladas sobre los demás.

Otros aportes de Foucault al concepto de poder son relevantes para pensar cómo sectores, en principio sin poder, suelen encontrar medios subversivos para afirmarse a sí mismos o ejercerlo. Las siguientes premisas trasmiten dos ideas muy potentes: el poder es inherente al individuo y el poder ocurre en un espacio de resistencia (ibid.). La convincente perspectiva de Foucault acerca del poder es central en la discusión sobre la masculinidad en los corridos. Estos pueden ser caracterizados como instancias discursivas en las que un sector, en principio sin poder, se reinventa a sí mismo como poderoso para establecer su subjetividad.

La afirmación anterior encuentra validez en el hecho de que los corridos que se estudian fueron creados en un contexto de lucha, donde los protagonistas masculinos reconocen que el poder sí radica en el individuo, es enormemente habilitante y les confiere la capacidad de producir un cambio. Además, las identidades masculinas exhibidas en los corridos son muestras de las afirmaciones de Foucault (1980, 92–93) en relación a que el poder no es una institución ni una estructura; es una fuerza de la que estamos dotados; es el nombre que le atribuimos a una situación estratégica compleja en una sociedad.

La situación/el contexto estratégico de los corridos en el que los protagonistas representan roles masculinos fuertes remite a la tensión y al conflicto propios de los períodos históricos en los que las fuerzas del gobierno y otros grupos paramilitares "legítimos" aniquilaron a los grupos guerrilleros afromexicanos (rebeldes) (Ramsay 2003, 67). Se observa que los protagonistas afromexicanos redefinen la identidad de víctima sin poder y se convierten en agentes poderosos de su propio destino mediante violentas represalias. Los corridos describen a los afromexicanos que luchan unidos por el poder y desafían a los poderosos a través del uso de la fuerza. Los análisis de los corridos nos llevarán a concluir que la ideología interna que reflejan encuentra sustento en la idea de Foucault (1980, 92) del poder como una acción diseñada para modificar las acciones de los otros; como inextrincablemente ligado a la subjetividad, de tal manera que los protagonistas o personajes se convierten en sujetos en las relaciones de poder y a través de ellas.

En este sentido, tanto el "Corrido de los Zapatistas de San Nicolás" como "El Zanatón" parecen representar la afirmación de Foucault (1980, 92), según la cual la resistencia define el poder y es indispensable para el ejercicio del poder. De hecho, en estos corridos, los personajes afromexicanos se vuelven poderosos al redefinir sus identidades, afirmar su subjetividad y resistir a sus opresores. Desafían el poder y la fuerza de las tropas del gobierno, a pesar de la aparente imposibilidad de salir vencedores en tal confrontación. Queda de manifiesto que la resistencia obstinada los convierte en luchadores poderosos y los conduce a la victoria. De hecho, se enfrentan a las tropas del gobierno que representan la masculinidad hegemónica y dominante y se convierten en héroes; sin dudas desafían la concepción generalizada de masculinidades subordinadas como afeminadas o infantiles porque, por el contrario, se proyectan como héroes y hombres valientes que actúan contra fuerzas poderosas:

Cuando Bruñuela llegó
llegó muy desesperado,
quemando y matando gente
y sacándola del bajo.

Llegando tiró la voz
como persona decente,

aquí me van a entregar
a toditita esta gente.

Ahora sí los carrancistas
andan de a dos carrilleras,
Zapata para pelear,
no necesita trincheras.

Cuando los vieron tirados
todos pegaron de gritos,
¡Viva Melquíades Román
con todos sus Zapatistas!

Ya nosotros nos vamos
dijo Everardo Román
como a las seis de la tarde
murió Teodor Montealbán

Ya me voy a despedir
Con gusto y con muchas ganas,
¡si me quieren agarrar
allá estoy en La Bocana!

Zapata nunca acaba
y se acobardaron todos
llegando a San Nicolás
y mataron a Don Lolo.
("Corrido de los zapatistas de San Nicolás")

Esta representación de la masculinidad da crédito a la siguiente afirmación de Rhoda Reddocks (2004, xxi): las relaciones interétnicas en las sociedades caribeñas suelen expresarse como un combate entre los hombres, en el cual el control del poder político parece legitimar los reclamos de ciudadanía y se convierte en símbolo de "hombría". Los afromexicanos expresan en los corridos una conciencia de estar excluidos de posiciones de poder y autoridad. Por lo tanto, estos protagonistas se involucran en prácticas en las que se reconocen como sujetos con derecho a la individualidad y el poder. De hecho, en los corridos se describe a los hombres afromexicanos como poderosos, quizás no a la manera de sus opresores, pero sí como quienes intentan construir identidades poderosas mediante su muestra de valentía. En este marco, en la construcción que hacen de las identidades masculinas, proyectan una imagen de dominio en la sociedad en tanto son presentados como quienes destituyen y vencen a fuerzas consideradas oficialmente más poderosas en este contexto particular. Una vez más, este análisis se relaciona con una afirmación de Foucault (1980, 93) acerca de que el poder no es una institución ni una estructura; es una fuerza de la que estamos dotados; es el nombre que le asignamos a situaciones estratégicas complejas que se presentan en la sociedad.

Lenguaje y masculinidad

En la década de 1960, cuando las lingüistas feministas estudiaban la centralidad del lenguaje en la construcción de identidades femeninas, se ignoraba el papel del mismo lenguaje en la construcción de las identidades masculinas. El lingüista Dell Hymes fue el primero en llamar a corregir esta inexactitud al declarar que concentrarse en las mujeres revela una aspecto del lenguaje en la vida social que tiene su contraparte en los hombres; también hay que estudiar el lenguaje de los hombres (Hymes citado en Lakoff 1973, 9). Desde entonces, particularmente en el campo de las ciencias sociales, se le ha prestado más atención a la masculinidad y sus intersecciones con problemáticas de lenguaje y género. A finales del siglo XX se llevó a cabo una serie de estudios que han establecido no solo que el lenguaje es uno de los recursos más usados para dar cuenta de la construcción de identidades de género, sino también que los hombres usan el lenguaje de manera diferente a las mujeres para proyectar imágenes e impresiones particulares de sí mismos. La finalidad de estos estudios fue describir el comportamiento masculino y proyectar al hombre como representante de la humanidad y como poderoso.

Efectivamente, el lenguaje es indispensable para moldear y legitimar identidades masculinas particulares, dado que es también crucial para la representación. Además, en general se acepta que el lenguaje es central en cada situación social. Sally Johnson y Ulrike Hanna Meinhof (1997, 22) afirman que esto se debe a que tanto la masculinidad como la femineidad son procesos sociales que dependen de reformulaciones sistemáticas, un proceso llamado "constitución de género" o elaboración de identidad. Desde luego, el término "lenguaje" refiere no solamente al verbal, sino a otros aspectos de su uso que pueden ofrecer indicaciones acerca de qué identidades de género se proyectan y cómo. Johnson y Meinhof luego afirman que el lenguaje no simplemente refleja el género, sino que ayuda a constituirlo; es uno de los medios a través de los cuales el género se establece (p. 23).

En el corrido, la palabra hablada/cantada es importante para mostrar cómo la ideología y el discurso operan en conjunto para crear la identidad que los intérpretes masculinos quieren proyectar. El uso del lenguaje indica que los protagonistas y los narradores masculinos afromexicanos tienen un repertorio particular para desafiar el *statu quo*, criticar el liderazgo político y proyectarse a sí mismos como hombres competitivos, capaces y confiables. En esta imagen también proyectan un interés por promover una agenda culturalmente nacionalista para privilegiar a miembros de su comunidad, desestabilizar la masculinidad hegemónica de la sociedad y demostrar que la nueva masculinidad que están ejerciendo/promoviendo está esencialmente orientada a exhibir el poder. El análisis del lenguaje en los corridos deja ver las distintas e intrincadas maneras en que discurso e ideología operan conjuntamente para crear una identidad o masculinidad particular. Todas las estrategias discursivas de la lengua – ironía, dicción, tono, registro, sintaxis, contraste, reformulación y lenguaje figurativo, entre otras – acentúan una identidad particular, una identidad asociada al poder.

Lenguaje y violencia

Se podría decir que el uso del lenguaje en el corrido está ligado a la historia de violencia de los afromexicanos. Aguirre Beltrán (1972, 19) atribuye "un ethos violento y agresivo en su cultura" al hecho de que los habitantes de la región de Costa Chica son, en su mayoría, descendientes de cimarrones que rechazaron la esclavitud, fundaron comunidades cimarronas y eligieron defender su libertad principalmente a través de medios violentos. Otros registros históricos señalan que estos descendientes de cimarrones también combatieron los poderes coloniales para establecer un mínimo de independencia. Asimismo, de acuerdo con Ramsay (2003, 69), una vez terminado el mandato colonial, la jurisdicción española fue reemplazada por varias entidades extranjeras que diseñaron estrategias para arrebatarles las tierras a los afromexicanos y establecieron grupos paramilitares para protegerlas y, al mismo tiempo, tiranizarlos.

En el marco de los contraataques, los hombres afromexicanos utilizan el lenguaje para narrar y describir las actividades diseñadas para derrotar a sus opresores. En consecuencia, su afán de presentarse como muy poderosos se manifiesta en el dominio lingüístico en la medida en que el lenguaje es deliberadamente elaborado para representar la violencia que caracteriza a la lucha por el poder. En cada corrido, vemos que el lenguaje agresivo y político y la afirmación de la identidad masculina están interrelacionados en este contexto afromexicano. La violencia se evidencia en el estilo del discurso y las elecciones lingüísticas. En "El Zanatón", por ejemplo, las palabras y expresiones utilizadas para describir las tropas del gobierno, en contraste con las empleadas para describir a los contrincantes afromexicanos, crean un poderoso concepto retórico:

> Voy a cantar un corrido
> señores porque ahí les va.
> Les voy a dar a saber
> lo que pasó en Palomar,
> donde murieron los guachos
> por no saberse tantear.
>
> Cuando venían de San Marcos
> venían muy desesperados,
> pasaron por Las Lomitas
> con el fusil preparado,
> en busca de los Hernández
> porque los traiban de encargo.
>
> Al llegar al Palomar
> una mujer les habló:
> si buscan a los Hernández
> se los juro que por Dios,
> están en el Campo Santo
> bajo palabra de honor.
>
> Ay, les dice el fusilero:
> sobre aviso no hay engaño,
> vámonos pa'l Campo Santo
> dicen que están esos gallos
> si con Constancio me encuentro
> no quedará disgustado.

Ay, les dice el fusilero:
cuídense que ahí les va una
soy pescador de la mar
no de esta pinche laguna,
he toreado toros bravos
no zanatilla sin pluma.

A los primeros balaso'
le gritaban: tú le llevas,
luego tumbaron a Marcos
y a Alfonso Villanueva,
pero les quedó Constancio
peleándoles pecho a tierra.

Ay, les dice El Zanatón:
por mi lado no hay cuidado,
ya me tumbé al fusilero
llevo el fusil a mi lado,
y a otros tres compañeros
que aquí quedaron tirado'.

Ay, les dice El Zanatón:
encomienden su alma a Dios
encomienden su alma a Dios
porque ahí les va El Animal,
se los juro que por Dios
ese sí los va a acabar.

Pobrecitos de los guachos
ya no jallaban que hacer,
arrancaban pa' las casa'
queriéndose defender,
El Zanatón los buscaba
como cosa de comer.

Pobrecitos de los guachos
se andaban volviendo locos,
arrancaban pa' las huertas
queriendo baja' unos coco,
pero al llegar a la barranca
se quedaron otros pocos.

Pusieron un radiograma
al Presidente Camacho,
que vinieran a saber
a ver como estuvo el caso,
que vinieran a saber
donde murieron los guachos.

Bajaron dos aeroplano'
a cargo de un General,
bajaron dos avioneta
a cargo de un General,
pero con el Zanatón
ya no quisieron pelear.
("El Zanatón")

El discurso directo de las figuras masculinas afromexicanas es potente, como en el corrido anterior. Está en consonancia con la necesidad de proyectar a los hombres que afirman su subjetividad y capacidad de agencia y ejercen poder sobre otros para contrarrestar o modificar las acciones que, como hombres/sujetos afromexicanos consideran perjudiciales. Hacen afirmaciones autoritarias que exhiben rasgos masculinos como la intrepidez y la valentía. Por ejemplo, Pedro el Chicharrón, protagonista del corrido que lleva su nombre, es quien rechaza categóricamente el poder de las tropas del gobierno:

Voy a cantar un corrido
me permitan su atención,
de esos hombres pocos nacen,
hombres de mucho valor,
el que nace no se logra
como Pedro el Chicharrón,
el que nace no se logra
como Pedro el Chicharrón.

Ese Pedro el Chicharrón
era hombre y no se rajaba,
que si el gobierno le caiba
con el gobierno peleaba,
le decía a sus compañeros
que hasta risa le causaba,

le decía a sus compañeros
que hasta risa le causaba.

Bajaba Zeta Martínez
A rumbo de Espinalillo:
"Voy a ver al Chicharrón
que lo quiero para amigo,
me lo encargó el comandante
que lo quiere muerto o vivo,
me lo encargó el comandante
que lo quiere muerto o vivo".

Cuando el general llegó
Pedrito estaba sentado,
estaba cuidando las armas,
un ladito de la puerta,
y de todito el parque
que lo estaba asoleando
y de todito el parque
que lo estaba asoleando.

Le contesta el Chicharrón:
"Dejes de estar molestando,
lárguese con esas armas
ya no me esté usted enfadando,
no vaya a venir el diablo
no vaya a estar achuchando,
no vaya a venir el diablo
no vaya a estar achuchando".
("Pedro el Chicharrón")

Aun frente a la clara superioridad numérica de las tropas del gobierno dispuestas a aniquilarlo, el Chicharrón las enfrenta con un lenguaje de desprecio por los soldados/policías del gobierno y se proyecta a sí mismo como alguien intrépido, con autoridad y control sobre la situación. El lenguaje que los narradores emplean en su caracterización también confirma su actitud temeraria:

Otro día por la mañana
su compadre lo invitó:

"Vamos a echarnos un trago
pero con ordenamiento,
ahora que estás desarmado
te ayudo en tu sentimiento,
ahora que estás desarmado
te ayudo en tu sentimiento".

Luego sacó su cerrojo
también su reglamentaria,
y le decía a su compadre:
"De eso ya ni diga nada,
voy a tirar de balazos
por si acaso hay emboscada,
voy a tirar de balazos
por si acaso hay emboscada".

Allí dijo su compadre
Al llegar a la cantina:
"Que nos sirvan una copa
de mezcal o de tequila".
El Chicharrón pensativo
porque ya lo presentía,
El Chicharrón pensativo
porque ya lo presentía,

Pedro al sentir el balazo
dio la vuelta y luego dijo:
"Ya me chingastes, compadre
salte a matarte conmigo,
con esta reglamentaria
van a ser siete contigo,
con esta reglamentaria
van a ser siete contigo".
("Pedro el Chicharrón")

El uso de la lengua que los afromexicanos hacen en los corridos está muy relacionado con la propia percepción. Así es como Pedro el Chicharrón se comporta y habla como si tuviera control de la situación, aun después de que el policía lo acribilla. Esta cuestión de la autoatribución la experiencia subjetiva de percibirse como masculino o femenino ha sido analizada por Connell (1995, 21–

27), quien afirma que el hecho de que las personas se atribuyan ciertas cualidades es un reflejo de cómo entienden la identidad masculina en cada contexto.

El orgullo étnico y la lealtad hacia la comunidad son rasgos fuertes que se le atribuyen al héroe, generalmente considerado protector de su comunidad, y se reflejan en el lenguaje regional de los corridos. Los arreglos expresivos de algunos elementos léxicos y algunas metáforas parecen ser específicos del habla afromexicana, tal como se observa en "El Zanatón", en frases como "no saberse tantear"; "porque los traiban de encargo"; "no zanatilla sin pluma"; y "ya me chingaste". El uso de estas formas no estandarizadas proyecta la imagen de hombres que comparten un código lingüístico particular, lo cual indica en qué medida entienden a su comunidad. De acuerdo con Johnson y Meinhof (1997, 9), este uso de la lengua con connotaciones de fortaleza, masculinidad y confianza para desafiar las condiciones sociales y lingüísticas es importante para establecer identidades masculinas particulares. La lealtad hacia la comunidad que exhibe el héroe en los corridos es un rasgo masculino importante que se potencia en el uso del lenguaje comunitario.

El lenguaje que sugiere temeridad frente a la opresión organizada y el uso de la violencia por parte de las fuerzas del gobierno también se evidencia en "La Gallinita". El héroe les anuncia su presencia a los soldados que han sido enviados a capturarlo, con disparos. De esta manera, deja en claro que no es un cobarde, sino alguien que hará todo lo posible para protegerse y defender su posición. Fan (Juan) Chanito trasmite el mismo compromiso con la comunidad; el gobierno intenta sobornarlo porque lo considera un guerrero valiente e intrépido. Sin embargo, él elige la muerte antes que traicionar la confianza de la comunidad que ha jurado proteger.

> Voy a empezar a cantar
> estos versos muy cortitos,
> el día 15 de diciembre
> mataron a Fan Chanito.
>
> Era jefe de las armas
> del pueblo de San Nicolás,
> había durado siete años
> jecutando él no más.
>
> Como era hombre muy valiente
> el gobierno lo quería,

le mandaba parque y armas
y le daba garantías.

Juchitán y Huehuetán
entonces ya no robaban,
¡ay, decían que Fan Canito
con bejuco los colgaba.

Eran las siete 'e la noche
Juan estaba en la ramada
Pero lo estaban espiando
con las armas preparadas.

Vinieron dice escopetas
y un calibre 30–30
vinieron dos de cerrojo
y una 380.

La hicieron unos disparos
pero ¡ay, con gran enojo!
Ay, luego que Fan vivo.
Le quitaron el cerrojo.

Ya no quisieron tirarle,
pensaron que estaba muerto,
pero Fan estaba vivo
tenía los ojos abiertos.

La gente se amontonaba
donde Fan estaba herido,
preguntó por sus muchachos
que si ya estaba reunidos.

Ay, luego que se reunieron
él les tendió una mirada.
Adiós muchachos queridos.
No me sirvieron pa' nada.

Será que ya se me acerca
o ya se me arranca el alma,
cuídense los más que puedan
y hagan las cosas con calma.

Será que ya se me acerca
el corazón me palpita,
ya se muere Fan Rodríguez
el gallo de Costa Chica.

Su mujer lo acariciaba
y estrechándolo en sus brazos,
ya se muere Fan Chanito
tiene cuarenta balazos.

Cuando al fin cerró sus ojos
como cuando están dormidos,
ya se muere Fan Rodríguez.

Ya me voy a despedir
el corazón se me agita,
ya se muere Fan Chanito
el gallo de Costa Chica.
("Fan (Juan) Chanito")

El héroe es, sin duda, un "cordero sacrificial" enfrentando la muerte sin temor ni cobardía. La elocuente y contundente metáfora "el gallo de Costa Chica" no solo sugiere la ausencia de pusilanimidad, sino que implica también una potencia sexual inigualable.

La elección del lenguaje en "El corrido de los zapatistas de San Nicolás" está marcada por una dicción conmovedora, metáforas fuertes y comparaciones agudas. Estas son creadas para rechazar y desacreditar las posiciones de autoridad y los esfuerzos de los gobernantes por oprimir y subyugar a las fuerzas guerrilleras afromexicanas consideradas ineficaces y débiles. Las armas de los carrancistas son reducidas a la condición de juguetes inservibles. Los afromexicanos no necesitan recurrir a una trinchera porque pueden luchar contra el enemigo frente a frente. La figura del héroe valiente, el Zanatón, se presenta mediante la imagen de una animal predador que puede cazar su presa para comerla: "el Zanatón los buscaba como cosa de comer". Los esfuerzos de sus oponentes se presentan como acciones débiles de "pájaros" mientras que el Zanatón anuncia sus hazañas anteriores: "He toreado toros bravos." El lenguaje de desprecio utilizado para mostrar cómo se comportan los protagonistas de "El diablo" de Lupe Ramírez, también es muy gráfico. Los héroes se proyectan como quienes sienten un total desdén por los representantes del gobierno; los consideran débiles "muñecas" para el entretenimiento: "Eran los tres bandoleros / Leyenda 'e Caña Hueca / jugaban con el gobierno / como jugar con muñeca".

El lenguaje contundente y poderoso que se emplea en los corridos tiene el propósito de despertar la conciencia política. Efectivamente, esta solo se puede alcanzar empleando vocabulario, frases y un lenguaje político poderoso en general. Graber (1981, 195) distingue cinco propósitos del lenguaje político: difundir información, fijar una agenda, interpretar, asociar el pasado, y proyectar el futuro. Sin lugar a dudas, un análisis serio y minucioso de los corridos revela que el lenguaje empleado cumple definitivamente con estos propósitos, en la medida en que ofrecen información detallada y explícita acerca de la confrontación y los enfrentamientos entre las tropas del gobierno y sus adversarios. No se puede dejar de tener en cuenta que el lenguaje está "inflado" y proporciona caracterizaciones detalladas de los personajes principales en relación a la "motivación", "ubicación", "proceso" y "tiempo" de estos.

En "Pedro el Chicharrón" se pueden observar claramente estos cinco usos. El nombre del protagonista no solo indica el color de su tez, dado que chicharrón es un término coloquial utilizado en México para referirse a una persona de piel muy oscura; también sugiere cierto nivel de egotismo, arrogancia y autoconfianza. "Chicharrón" alude, además, a la dureza de la piel de cerdo cuando está excesivamente cocida. El lenguaje que describe sus hazañas capta de manera gráfica al personaje en consonancia con estas referencias indirectas. No hay duda de que su rol está destinado a derribar el *statu quo* y afrontar la opresión con valentía. Este corrido presenta los enfrentamientos pasados del personaje y sus intentos de ponerle fin a sus desafíos y, además, celebra su victoria.

De manera similar, en el famoso corrido "La Gallinita" también se pueden observar los cinco usos del lenguaje político. Comienza con la presentación del protagonista audaz y de espíritu intrépido; luego, la segunda estrofa anuncia su plan:

Me voy a Azoyú Guerrero
a ver a un familiar,
y también al comandante
que me quiere desarmar.
("La Gallinita")

La referencia a la misión indica que cuando se encuentre con el comandante, el protagonista intentará emprender una acción confrontativa y conflictiva. El lenguaje gráfico y explícito brinda detalles acerca de cómo el personaje inicia la confrontación con el uso de la violencia. Ayuda, además, a describirlo como un personaje intrépido que no valora su vida, sino que goza de su reputación de "valiente" que nunca se rinde ante nadie. El lenguaje también define e idealiza, de manera efectiva, el enfrentamiento en el que el protagonista, La Gallinita, vence al comandante y a sus hombres sin mucha dificultad: "a los primeros balazos la policía corrió . . . el comandante está muerto . . . la Gallinita lo mató" (*Letras Musicales*).

El corrido concluye con una expresión que refuerza la valentía del personaje y remite a que continuará siendo un defensor intrépido del honor, con la certeza de que el plan previsto al comienzo se ha cumplido: "la gallinita mató a un gallo". El contraste directo entre "gallinita" y "gallo" hace que el logro sea aún más admirable y dramático.

Además, el lenguaje de los corridos puede caracterizarse como político porque es un lenguaje de poder que emplea la exageración para presentar a los miembros de la guerrilla afromexicana como invencibles y proyectar las necesidades políticas importantes del grupo. Con este fin, las voces poéticas, mediante insultos, buscan influir en el juicio de la audiencia y convencerlos de que condenen a sus opresores, representantes del gobierno. El lenguaje del corrido es también un lenguaje de "ilusión" y "ambigüedad" porque las fortalezas que se proyectan de los protagonistas no son necesariamente reales.

La manera en que los hombres afromexicanos se expresan sugiere que están decididos a ejercer sus derechos. En otras palabras, no solo escuchan y permiten que se les hable, sino que también deciden participar activamente en la situación en la que se encuentran. De esta manera, demuestran su derecho a defenderse, lo cual apoya la siguiente idea: el derecho a hablar depende del derecho a estar en una situación y participar de actividades discursivas propias de esa situación (Eckert y McConnell-Ginel 2007, 93).

Fairclough (2013, 2) argumenta que el lenguaje contribuye a mantener las relaciones de poder en la sociedad, de modo que siempre hay una conexión entre el uso del lenguaje y una ideología de opresión. Esto es así ya que los más poderosos de la sociedad suelen usar el lenguaje para legitimar las relaciones de poder (p. 2). Sin lugar a dudas, el desarrollo lingüístico de los corridos sugiere una comprensión por parte de los narradores y los personajes afromexicanos acerca de cómo se emplea el lenguaje para mantener el orden social, pero principalmente acerca de cómo puede utilizarse para crear un cambio. Por consiguiente, estos narradores invierten las relaciones de poder al apropiarse de palabras y expresiones con el objeto de comunicar su propia ideología y autodefinición y de inclinar la balanza a su favor al convertirse en sujetos de enunciación de un discurso de poder. De esta manera, utilizan el lenguaje como una alternativa potente frente al tipo de discurso establecido o convencional con el que los soldados del ejército, los agentes de policía y las personas acostumbradas a mantener relaciones de poder en las conversaciones emiten órdenes. Como consecuencia, crean un discurso opositor o un "contra-lenguaje" que desmantela las relaciones y distribuciones desiguales de poder.

La problematización de la masculinidad en el corrido

A pesar del habilidoso uso del lenguaje para proclamar una comprensión particular de la masculinidad afromexicana, las demostraciones explícitas de masculinidad en los corridos son problemáticas. Esto se debe, en primer lugar, al hecho de que los corridos presentan las características masculinas como patrón del comportamiento humano en la comunidad afromexicana. Sin duda, dado el énfasis en la lucha/la violencia en la que se involucran los hombres, el sistema de valores filosófico de los corridos es esencialmente masculinista. En otras palabras, la construcción social de la identidad masculina en los corridos está impregnada o influenciada por el sexismo y el patriarcado.

Naturalmente, no puede dejar de tenerse en cuenta que los corridos han sido, en su mayoría, escritos, narrados y cantados por hombres. Todos los personajes principales son hombres, mientras que las mujeres que aparecen tienen papeles secundarios en los que suelen ser menospreciadas. Todas las percepciones y descripciones del mundo de los afromexicanos y las imágenes de las mujeres en la sociedad, se presentan desde la perspectiva masculina. Esto se plasma en la afirmación de John McDowell (2000, 7) en relación a que los corridos nos llevan a un mundo, principalmente, masculino. La mayoría de los compositores e intérpretes de corridos en Costa Chica son hombres y la audiencia, en gran parte, está compuesta también por hombres. En consonancia con lo anterior, Keith Nurse (2004, 5) comenta que, en general, el machismo, como constructo conceptual hegemónico, logra una postura logocéntrica y, por ello, se vuelve una narrativa penetrante, conocida y poderosa en torno a la cual organizamos nuestra comprensión de la realidad social.

Se puede decir que la relación entre masculinidades hegemónicas y subordinadas puede ser paradójica, porque incluso las segundas pueden estar en conformidad con el patriarcado y el sexismo. La subjetivación del "otro" mediante la diferenciación, la estigmatización, los estereotipos y otras estrategias ha demostrado ser fundamental en la constitución de la masculinidad hegemónica. Kimmel y Messner (1995, 19) parecen plasmar elocuentemente cómo las masculinidades subordinadas pueden, por momentos, asumir cualidades hegemónicas. Estos autores afirman que la mayoría de las masculinidades están en conformidad con el patriarcado y que la marginación de masculinidades subordinadas es un componente esencial del mito del poder masculino (ibid). La mayoría de los hombres, de acuerdo con Nurse (2004, 13), no son tan poderosos como se supone. El problema es que están socializados para ver el poder y el privilegio masculino como un derecho, por no decir como un legado; esta es la contradicción esencial en la construcción dominante de la masculinidad.

En los corridos afromexicanos todas las imágenes de libertad, agencia, subjetividad, resistencia y desafío a los sujetos de la opresión y la injusticia se encarnan en los protagonistas masculinos afromexicanos. Por consiguiente, a pesar de que la masculinidad de estos personajes puede ser considerada subordinada porque forman un grupo marginado en México, el hecho de que las mujeres no tengan un vínculo con el poder implica un tipo de connivencia con la masculinidad hegemónica. Es decir, se trata de una masculinidad que margina a las mujeres y las proyecta como seres sin un papel en la comunidad afromexicana ni en la conservación de una imagen particular de esta sociedad. Nurse (2004, 8) caracteriza esta situación de la siguiente manera: La poética y la política de la representación funcionan de tal manera que las víctimas pueden ser absorbidas mediante estrategias de resistencia al igual que los vencedores pueden exponer sus ansiedades y fantasías reprimidas mediante la proyección de poder. Esta consideración acerca del funcionamiento del poder y de su ausencia otorga un marco útil para analizar las relaciones entre masculinidades hegemónicas y subordinadas.

Esta constitución particular de la masculinidad sugiere, a la vez, que en la comunidad afromexicana solo los hombres pueden asegurar que intervienen en la construcción de la comunidad o la nación. Este paralelismo implícito entre los hombres, la construcción de la nación/comunidad y la autoafirmación es problemático y remite a la afirmación de Bhabha (1994) acerca de que la construcción de la nación tiene que ver con la identificación pública y con que el "otro" extranjero es feminizado. En otras palabras, esta perspectiva de género en relación a los logros, las experiencias y la participación de los afromexicanos en la protección de la comunidad puede ser una reafirmación inconsciente/no intencionada de la masculinidad dominante, aunque en un contexto marginado. El resultado es una adhesión deliberada o instintiva al sexismo y el racismo en su relación con las mujeres afromexicanas. Connell (1995, 13) advierte lo difícil que resulta no adherir a esta tendencia aun en sociedades que han ido avanzando hacia la igualdad de las mujeres y de los grupos subordinados.

Un ejemplo notable de un corrido que revela la connivencia entre masculinidad y sexismo es *Traigo una flor hermosa y mortal* (1975). El protagonista masculino le canta una serenata a su amada que es convertida metafóricamente en una flor hermosa que termina siendo una desilusión/traición. Se presenta al hombre traicionado como víctima, lastimado y herido por la flor venenosa que resulta ser hermosa solo en la superficie. Esta imagen del hombre victimizado por la mujer constituye un intento sexista y trivial de sugerir que en la relación hombre/mujer el hombre es honesto o confiable, mientras que la mujer es más propensa a ser desleal y calculadora. Pero dada la perspectiva desde la cual se desarrolla esta narración, debemos poner en duda dicha honestidad así como los indicios de que se trata de un personaje ingenuo. En última instancia, no se pierde la compasión por el protagonista masculino ni la oportunidad de desacreditar la capacidad de la mujer a ser fiel. Es difícil aceptar el sentido de victimización masculina expresado en este corrido que trasmite un fuerte mensaje sociopolítico. Sin embargo, teniendo en cuenta lo que sabemos de los contextos históricos y políticos que estos corridos describen, es más creíble que los hombres sean víctimas del sistema político que de la infidelidad de las mujeres, aunque esto no es imposible. De hecho, tanto hombres como mujeres son víctimas en este contexto y sería una contradicción que el relato histórico sugiriera que las mujeres no contribuyeron en absoluto a las luchas en las que participaron los hombres afromexicanos para visibilizar su presencia en México y resistir la opresión de los mexicanos latinos de la clase gobernante poderosa y rica.

Uno de los corridos más elocuentes establece, de modo implacable, el espíritu afromexicano de autonomía y resistencia frente a los adversarios. Este efecto se logra por medio de un masculinismo muy genérico. La figura del héroe intrépido de "La mula bronca" declara enfáticamente el credo que rige su vida de resistencia y rechazo al sistema de autoridad dominante: "pa' morir nacen los hombres / no van a estar de esclavitud". El uso de "los hombres" presupone/implica una idea global de que el concepto de hombre/masculino es universal. Este uso de "los hombres" ignora, además, la crítica feminista acerca de que el masculinismo es un sistema de valores filosóficos totalizante en el marco de los estudios de género (Barthes 1964). Además respalda la idea propuesta por Nurse (2004, 5) acerca de que los hombres rara vez se ven a sí mismos como un grupo definido a partir del género y la sociedad, en general, considera las características masculinas como prototípicas del comportamiento humano, más allá del tiempo o el espacio. La ironía de esto yace, sin duda, en la comprensión/aceptación de que el propósito subversivo de los corridos es beneficiar a una sociedad que incluye a hombres y mujeres. Si bien esto verdad, los corridos también refuerzan ciertos mitos acerca de que los hombres son valientes protectores de mujeres débiles. Aquí yace la tensión entre dos posturas: la que proyecta la masculinidad como necesaria para resistir al gobierno hegemónico, disputar la identidad de una comunidad y subvertir su importancia en relación a la construcción de la nación en México; y la que sugiere que es responsabilidad de los hombres luchar por la libertad de la comunidad o, incluso, que son solo estos quienes tienen derecho a la libertad. El nacionalismo se vuelve, por consiguiente, radicalmente constitutivo de las identidades de los pueblos a través de contextos sociales que con frecuencia son violentos y siempre están atravesados por las diferencias de género (McClintock 1995, 353).

En un estudio previo, sostuve que la connivencia entre la masculinidad subordinada de los afromexicanos y la masculinidad hegemónica del *statu quo* se revela en la medida que en los corridos la autoglorificación facilita la recuperación de la identidad masculina. En cada corrido, se establece una correlación inequívoca entre el machismo y el autoelogio (Ramsay 2003, 74). Sin lugar a dudas, la demostración y el elogio a la dureza y a la autoconciencia basada en la confianza y en la capacidad de luchar es evidente en el héroe y se convierte en un medio para expresar la condición indeterminada de hombre mediante la agresión y la provocación retóricas (Habekost 1993, 121). Entonces, si bien en la composición de los corridos hay una importante búsqueda de autovalidación y reivindicación de la comunidad afromexicana en el marco de un sistema que deslegitima la posibilidad de que este grupo marginado se autovalore, también se contempla la validación masculina, es decir, la hombría como un medio para recuperar y afirmar la subjetividad. Esta aparente sinonimia entre subjetividad, hombría y masculinidad se confirma, además, en las imágenes negativas de las mujeres que aparecen en algunos corridos. En estos casos, se suele retratar a las mujeres de modo estereotípico como madres llorosas, compañeras infieles que no se merecen la confianza del hombre o muchachas ensimismadas y temerosas de perder a sus hombres en la batalla.

Este menoscabo de las mujeres es evidente en el corrido "Prisco Sánchez", donde el protagonista le desea el mal a la madre del coronel mientras este y sus hombres le están disparando: "¡Mal haya quien lo parió!". Podríamos justificar cínicamente esta maldición ya que se trata de la mujer que le dio vida al coronel latino opresor; pero, al mismo tiempo, la maldición sirve para revelar un menoscabo general de las mujeres en particular, dado que no se maldice al padre del coronel. En este mismo corrido se trasmite la idea de que las mujeres a menudo acompañaban a los guerrilleros de un campo de batalla a otro. Prisco Sánchez aparece viajando con una muchacha. Sin embargo, la niña es inmediatamente deslegitimada en su posterior representación como una traidora: "Estaba una niña, en su compañía / y fue la que le avisó" ("Prisco Sánchez"). Sin duda alguna, esta muchacha sin nombre representa a las numerosas mujeres que acompañaban a los guerrilleros afromexicanos y habrían contribuido al movimiento guerrillero de algún modo. Aun cuando su función fuera espiar, de alguna manera la niña habría colaborado con la causa. A pesar de esto, no se destaca la importancia de estas funciones de apoyo. De haber sido informante, espía o vigilante habría estado expuesta al peligro, pero a esto no se le otorga el mismo valor que a la función de Prisco Sánchez, el hombre cuya valentía se presenta con lujo de detalle.

Imágenes problemáticas de la figura materna

En su libro *The Mexican Corrido [El corrido mexicano]*, María Herrera-Sobek (1990) desarrolla un análisis sorprendente de las representaciones de los roles sociales de las mujeres y las madres en los diferentes corridos. Agradezco su trabajo pionero en esta área y me remito a algunas de sus ideas para el análisis en esta sección. Herrera-Sobek (1990, 1–2), que se apoya fuertemente en la teoría feminista para sus análisis, afirma: El análisis de los corridos describe numerosas canciones en las que aparece el arquetipo de la gran madre. Dicho arquetipo tiene, al menos, tres dimensiones: buena, mala y divina. El arquetipo de la buena madre pasiva suele asumir una personalidad débil y llorosa; es una figura indefensa y desolada, arrojada a las aguas turbulentas de lágrimas incesantes. El arquetipo activo de la madre terrible asume una función negativa. Ya sea que se la conciba como positiva o negativa, la gran madre se asocia a un episodio dramático vital en el corrido: la muerte del héroe.

El "Corrido de Marín Díaz" reconoce el papel de la madre del héroe/combatiente, aunque de manera problemática:

> ¡Qué vida la de Marín!
> ¡Qué vida tan arreglada!
> Él se ha visto en balaceras
> y no le han podido hacer nada,
> será por las oraciones que su
> madre le rezaba.
> ("Marín Díaz")

En un plano superficial, parece tratarse de una imagen muy positiva que afirma la figura de la madre quien ha contribuido al éxito de la valentía y la proeza militar de su hijo guerrillero. Pero en un plano suprasegmental, encontramos una interpretación que difiere de la de una madre pasiva y comprensiva y, por lo tanto, el papel del sujeto femenino no es definitivamente positivo.

El verbo en futuro, *será,* sugiere una probabilidad, la conjetura de que la madre en su rol pasivo y devoto (como persona que reza) no ha contribuido a impedir la muerte de su hijo. La precisión con que se describen las proezas de Prisco está ausente al momento de hacer referencia a la madre de forma que, si bien se reconoce su contribución, al mismo tiempo se la socava. Esta subversión se sostiene en la imagen final de la madre desconsolada que llora por temor a que su hijo sea asesinado. Sin embargo, ella es confortada por su joven y valiente hijo que le dice "No llores mamacita / que estoy a tu compañía". Por supuesto, la misma ambigüedad envuelve estas palabras del hijo. Nos preguntamos, por un lado, si la madre está viva o no y si el intrépido hijo que la está consolando, a pesar del enorme peligro que enfrenta ante la arremetida enemiga, cree que seguirá siendo invencible; o por otro lado, si el hijo insiste en que estará bien incluso muerto. De cualquier manera, la expresión remite al compromiso del hijo de luchar para resistir la opresión y la tiranía en nombre de su pueblo.

La postura del hijo recuerda la actitud del protagonista del poema "If We Must Die" (Si debemos morir) de Claude McKay, aunque en estos famosos versos hay una voz más inclusiva sugerida por el verbo "debemos": "If we must die, then let us nobly die" (Si debemos morir, entonces déjennos morir noblemente). Por el contrario, en el corrido se expresa la decisión y el compromiso mediante la exclusión de la mujer quien, a pesar de estar representada en la imagen de la madre, es una observadora.[3]

El menosprecio por las mujeres afromexicanas

En "La mula bronca", la tendencia a menospreciar a las mujeres se ve en la representación sexista de Petra Morga. "La mula bronca" es un hombre que defiende de manera temeraria e inflexible sus derechos, pero, irónicamente, podrá ser engañado solo por una mujer, una traidora que mantiene una relación amorosa con el general del ejército. Quienes admiran a "La mula bronca" le advierten acerca de la amenaza potencial que esta mujer representa para su seguridad:

> Sus amigos le decían
> cuídate de Petra Morga
> tiene buenas garantías
> con el jefe de la zona
> los halló la judicial
> en la cantina de Chona
> ("La mula bronca")

En otras palabras, el futuro del movimiento afromexicano de resistencia se proyecta como integrado por mujeres inconsistentes y desleales como Petra Morga. Una situación similar se presenta en "Chicharrón", donde una mujer desleal y, por lo tanto, despreciada por su propio grupo es acusada de la muerte de Chicharrón: "La mujer que lo entregó fue de su misma banda".

De manera similar, "Tomás Marín" presenta una imagen positiva de un hombre que está preocupado por el honor y la venganza del violento asesinato de su familia.[4] Inicia su propia guerra contra ricos y poderosos, conocidos por asesinar a campesinos indefensos en sus tierras. En una muestra de valentía y virilidad, se resiste a su arresto "como un toro" y sobrevive al despiadado ataque con balas ordenado por el capitán de la policía. Irónicamente, cuando se conoce la noticia impactante de que aún está vivo, todos los esfuerzos coordinados y organizados de la policía por encontrarlo terminan en la nada. Es una mujer la que colabora con el enemigo para acabar con su vida. Este es otro corrido donde se proyecta la imagen de la mujer como traidora del hombre. Se da a entender que las mujeres no son capaces de apoyar la lucha por la justicia y la liberación social de manera significativa o que son desleales en el amor y hacia los hombres de su comunidad cuando deben elegir entre ellos y hombres poderosos del ejército opresor. Esta representación implicaría, además, que las mujeres no comprenden la importancia del movimiento guerrillero afromexicano que lucha por participar en la construcción de la nación.

La imagen más inequívoca de la mujer parece ser la de la Virgen de Guadalupe. Marín Díaz, tras consolar a su frágil y llorosa madre, declara su firme convicción de que la Virgen de Guadalupe lo protegerá, ya sea mientras huye de sus enemigos o en el caso que lo asesinen y emprenda el viaje al más allá. La Virgen de Guadalupe generalmente aparece como una fuerza protectora en la estructura mítica de los corridos (Herrera-Sobek 1990, 46). Esta imagen no solo es positiva, sino que también implica que el protagonista tiene más fe en el poder de una figura mítica como protección que en su propia madre a quien obviamente conoce. Además, estas imágenes positivas de la virgen en los corridos son clave en la trasmisión de las luchas políticas de los afromexicanos contra la discriminación, la hostilidad y el sojuzgamiento. A pesar de que el culto a la Virgen de Guadalupe se desarrolló en un período durante el cual las poblaciones indígenas en particular desconfiaban de la fe religiosa, ese culto pronto fue acogido por mestizos, mulatos y negros sin derechos durante el mandato colonial en México. La experiencia de adversidad, servidumbre y sojuzgamiento tuvo como resultado la búsqueda de una fuente de liberación que el culto parecía ofrecer, aunque los grupos minoritarios no se volcaron hacia el dios español que los estaba oprimiendo (ibid.).[5] La confianza en la virgen que expresa Marín Díaz indica que los afromexicanos adoptaron las influencias católicas a la vez que las modificaron/hicieron propias.

Por lo tanto, una cuestión polémica en los corridos es cómo estos proyectan y contribuyen a mantener mensajes de autoidentificación patriarcal para los hombres. En su mayoría, las mujeres de los corridos parecen mantenerse al margen y mirar cómo atacan a los hombres y cómo estos se defienden. Se rebajan y lloran de miedo y se convierten en una molestia para los hombres mientras estos intentan esquivar la ofensiva de sus atacantes. En general, no hay una auténtica aceptación del valor o la importancia verdadera de las mujeres en la causa de la rebelión. El uso de la imagen de la Virgen de Guadalupe revela un tipo de imagen idealizada de la mujer como guía espiritual, pero no como alguien que pueda participar activamente en el combate real. El espíritu de la virgen protectora contrasta con la mujer supersticiosa en "Lupe Baños", quien le advierte al hombre que no salga porque el ladrido de los perros indica que algo ominoso le ocurrirá. Este es otro caso en el que la imagen de la figura femenina en el corrido no es particularmente positiva ni favorable; no se la proyecta como alguien que basa sus juicios en afirmaciones lógicas o racionales, sino en supersticiones, lo cual es, en el mejor de los casos, insidioso.

Atisbos de la masculinidad falocéntrica

La masculinidad representada en el calipso ha sido indagada por Gordon Rohlehr (2004), quien ha analizado las imágenes exageradas y burdas de "prácticas sexuales explícitas" presentes en este género. Aquí la masculinidad se construye sobre la base de las destrezas sexuales del hombre, un falocentrismo abierto. Aunque menos explícito y burdo, en los corridos afromexicanos hay una tendencia a comparar la batalla o la respuesta/confrontación violenta no solo con un ataque a otros hombres, sino con la preparación misma para esta batalla que se suele imaginar como preparación para un encuentro sexual.

Esto se puede apreciar en que generalmente las armas se comparan o se funden con el órgano sexual masculino. Por ejemplo, cuando los guerrilleros desenfundan su arma, la frase "se la sacan del bajo" sugiere la imagen del órgano sexual que el hombre saca para poner en posición. Nombres tales como "el gallo", símbolo del falo, se utilizan de manera bastante estratégica para insinuar poder y amenaza. Se describe a uno de los héroes más poderosos, apodado "La mula bronca" por el largo de su pene: "tenía larga la correa". Por supuesto, esta imagen guarda relación con la metáfora de la mula, pero también hace referencia simbólicamente al órgano sexual masculino, un símbolo de masculinidad, fuerza e intrepidez. Este mismo paralelo entre la asociación de la masculinidad con contiendas o peleas, superioridad y destrezas sexuales se evidencia en otro corrido. En "Pedro el Chicharrón" el héroe caído advierte a su amante que nunca encontrará satisfacción en brazos de otros hombres porque no llegará a conocerlos tan bien como lo conoce a él, sexualmente ni de otras maneras.

Priscilliano cayó adentro
Pedrito al pie de una palma
le gritaba a su querida
te quedas negra del alma
vas a abrazar a otros hombres
que no sabes ni cómo andan.

Decía Pedro el Chicharrón
cuando estaba agonizando:
"Arrímate, Crescenciana
que ya me estoy acabando,
te quiero morder el brazo
pa' que te andes acordando,
te quiero morder el brazo
pa' que te andes acordando".
("Pedro el Chicharrón")

Cuando Pedro se da cuenta que morirá, le exige a su amante/novia que se le acerque así puede dejarle una marca/sello de propiedad, una mordida para que nunca lo olvide. La implicación es que esta será una cicatriz indeleble, un sello personal o una marca registrada de Pedro, que funcionará como declaración de que ella ya ha sido conquistada por un hombre mejor que todos los que le sucederán y, además, nunca lo podrá olvidar ni a él ni su gran potencia sexual. La cicatriz que servirá como emblema de masculinidad será vista como una imagen carnavalesca y agresiva. Por lo tanto, aunque se necesitaron cinco oponentes para doblegarlo, este luchador es un héroe de guerra y, al mismo tiempo, un héroe fálico que celebra su propia destreza. Es interesante ver que a pesar de que muere, el héroe guerrero/fálico se inmortaliza a través del acto sexual agresivo de morder a la mujer y dejarla marcada. Jactarse de relaciones sexuales violentas ha sido descripto como un intento no solo de atraer a la mujer, sino también de irritar y vencer a otros hombres que se supone son incapaces de satisfacer a sus compañeras (Rohlehr 2004, 339). Rohlehr describe un fenómeno similar en su análisis de los calipsos "Village Ram" y "Congo Man" del cantante Mighty Sparrow y señala que el extremismo/la violencia de estas canciones, en particular, la crudeza de la imagen con la cual Sparrow representa el apetito brutal y la lujuria es agresivamente carnavalesca (p. 341).

En busca de una masculinidad feminista

El feminismo, en su intersección con la teoría poscolonial, sostiene que las mujeres son relegadas a una posición de otredad, como sujetos colonizados. En consecuencia, el amplio proyecto feminista al igual que el de la crítica poscolonial es desmantelar todo tipo de ideología opresiva que subordine a las mujeres, incluidos los sistemas de pensamiento colonialistas que son inherentemente patriarcales. En particular, las feministas radicales han reclamado la inclusión de las mujeres en el proceso de lucha contra el sistema de dominación porque merecen gozar de los mismos derechos que los hombres.

Sostengo que los corridos han establecido un discurso que, por un lado, posiciona la lucha de los hombres que arriesgan sus vidas para proclamarse seres independientes y fuertes en la vanguardia y, por otro, omite a las mujeres y la importancia de estas en la lucha por la liberación de los afromexicanos. Esta es una posición masculinista: necesariamente tiene que ver con el derecho de los hombres a su individualidad. La retórica de los corridos, entonces, ofrece un sustento para las afirmaciones de bell hooks (2000, 179) en relación a los vínculos entre hombres. Esta gran crítica literaria feminista habla enérgicamente del vínculo entre hombres como un aspecto de la cultura patriarcal que asume que los hombres permanecen unidos, se apoyan entre sí y forman una suerte de equipo de jugadores. bell hooks desarrolló esta idea a partir de su experiencia en una universidad mixta donde este parecía ser el caso. Incluso, el vínculo entre hombres es visto, en la estructura interna/ontológica de los corridos, en términos de cómo proyectan a los personajes masculinos en relación a las mujeres. Los hombres interactúan entre ellos en una muestra de camaradería y jactancia. El vínculo entre hombres se evidencia en las declaraciones sexistas y las caracterizaciones de las mujeres, tanto en las actitudes como en las afirmaciones de los personajes masculinos descriptos por los narradores masculinos. Este es un intento de proyectar a los hombres afromexicanos como luchadores por la justicia y su comunidad, sin representar a las mujeres como compañeras en la lucha; esta observación también encuentra resonancia en las afirmaciones de bell hooks acerca de que no es inusual encontrar hombres que son pensadores radicales y hablan en contra de la injusticia social, pero son sexistas (ibid., 69). En otras palabras, es posible que algunos hombres tengan conciencia social, pero no consideren ni rechacen el patriarcado como un tipo de injusticia social.

bell hooks (2000, 70) convoca a una masculinidad visionaria o feminista que se caracterice por la "solidaridad política" y la afinidad compartida hacia un sufrimiento común. Esta masculinidad visionaria es una reconstrucción de aquella masculinidad que se opone a la del patriarcado que alienta a los hombres a ser patológicamente narcisistas e infantiles, dependientes psicológicamente de los privilegios (aunque relativos) que reciben solo por haber nacido hombres (ibid.). De hecho, subrayo la ausencia de corridos que destaquen explícitamente un interés por "el ascenso compartido" y reconozcan un contexto de desigualdad común. Dado que si debemos/deberíamos considerar el corrido como un género que trata de crear conciencia, entonces es necesario que se represente a las mujeres como un elemento clave del movimiento revolucionario con conciencia de su centralidad en un proceso que es beneficioso para hombres y mujeres por igual. Quizás algunos corridos nuevos muestren de manera significativa a las mujeres afromexicanas como parte esencial del proceso de cambio de rumbo en México, en lo que respecta a los afromexicanos en general. Esta posibilidad parece contradictoria ya que previamente afirmé que los corridos han sido preservados por la comunidad en su conjunto. Pero desde una postura feminista, se puede decir que los corridos dan voz principalmente a las expresiones masculinas y, por lo tanto, no dejan espacio para que las mujeres marginadas afirmen su propia subjetividad. A modo de conclusión, entonces, los corridos les permiten a los hombres redefinirse, empoderarse, reescribir su individualidad a través del texto y expresar una masculinidad que, con frecuencia, se ajusta al sexismo e incluso al racismo.

4.

El lugar y la identidad cultural y racial en una selección de poemas líricos y orales afromexicanos

> San Nicolás yo te pido
> como costeño que soy,
> que no olvides lo que he sido
> moreno de corazón.
> —Francisco J. Zárate Arango, "Canto a la costa mía"

> Mestizaje is not a synthesis, but rather the opposite . . . mestizaje is nothing more than a concentration of difference.
> [El mestizaje no es una síntesis, sino más bien lo contrario . . . el mestizaje no es más que una concentración de diferencias.]
> —Antonio Benítez-Rojo, *The Repeating Island* [La isla que se repite]

En las dos últimas décadas se han visto algunos cambios en la valoración y percepción que los afromexicanos tienen de sí mismos como pueblo con legado africano. Esto se debe principalmente a la investigación realizada por académicos cuyas interacciones con miembros de las comunidades afromexicanas han contribuido a despertar conciencia en relación a la etnicidad e identidad entre ellos. Se debe reconocer el trabajo pionero de Aguirre Beltrán (1972), del Instituto Guerrerense de Cultura y de la Dirección General de Culturas Populares de México, que llevó adelante los primeros trabajos pioneros acerca de las identidades étnicas afromexicanas y señaló algunos intentos de autoreivindicación.[1] Asimismo, no puede dejar de mencionarse el trabajo fundamental e histórico del cura trinitense Glyn entre la gente de Costa Chica ni la forma en que este trabajo ha contribuido a crear autoconciencia dentro de esa comunidad (entrevista personal a Sergio Peñaloza, noviembre de 2014). De hecho, en otros capítulos hemos visto las diversas maneras en que las narraciones orales, las baladas y los poemas líricos parecen construir, tanto de manera abierta como implícita, una identidad afromexicana que disputa inexorablemente el discurso oficial acerca de la homogeneidad cultural y racial. Este capítulo es un intento más de poner de manifiesto cómo los afromexicanos construyen identidades culturales y raciales en sus producciones literarias y culturales.

En este capítulo, el campo interdisciplinario de los estudios culturales proporciona un marco teórico particularmente útil para explorar e interrogar problemáticas vinculadas a la identidad. Escojo esta perspectiva porque la identidad ha sido construida como un concepto que combina, de manera figurativa, el mundo íntimo o personal con el espacio de las manifestaciones culturales y las relaciones sociales (Holland et al. 2003, 5). Se empleará este significativo concepto/definición de identidad, tomado del campo de los estudios culturales, para analizar cómo la conciencia racial y la representación del lugar en las manifestaciones creativas afromexicanas escogidas promueven posiciones firmes acerca de la autoformación, la autoproyección y las problemáticas de ciudadanía y pertenencia en las comunidades afromexicanas de Costa Chica.

Esta precisa interpretación del concepto de 'identidad' construida culturalmente es propuesta por Holland et al. (2003, 271) como una formulación alternativa, fundada en teorías de la práctica y el trabajo de campo. Dichas teorías consideran la identidad como una construcción en tres contextos diferentes: (1) el "mundo figurado", (2) "las identidades relacionales"/"el posicionamiento" y (3) el "espacio de autoría". El término "mundos figurados" caracteriza la manera en que los individuos construyen la realidad según como "la perciben o desean que sea" (ibid.). Un "mundo figurado" está habitado por figuras, personajes y grupos que actúan y tienen un estilo claro de interacción en el marco de una orientación y una concepción del mundo. Se refiere a una esfera de interpretación social y culturalmente construida en la que se reconocen personajes y actores particulares, se asigna significado a ciertos actos y se valoran ciertos resultados por encima de otros (ibid., 51–52).

El segundo contexto, el "posicionamiento" también llamado "identidad relacional", supone el sentido del lugar social o derecho del individuo. Las "identidades relacionales" se representan de distintas maneras: en la forma de vestir, hablar, expresarse y afirmar quién es cada uno en relación a los demás. Holland et al. (2003, 127) explican el término de la siguiente manera: Las identidades relacionales tienen que ver con el comportamiento como un indicador del derecho a mantener relaciones sociales con los demás. Tienen que ver con cómo una persona identifica su posición en relación a la de las demás, cómo se siente cómoda o limitada, por ejemplo, para hablar con otra, ordenarle que haga algo, ingresar a su espacio, tocar su propiedad, vestirse para ella o entrar a su cocina.

La "autoría" es la respuesta de un individuo o grupo al mundo y las situaciones que enfrentan. Es una cuestión de orquestación, organización de discursos/prácticas sociales identificables que son recursos que una persona tiene para crear una respuesta en un tiempo y espacio determinados por las perspectivas activas de los demás (ibid., 275). Este término se infiere de la filosofía del dialogismo de Mijaíl Bajtín (1981), en la que acentúa el valor del diálogo o de la capacidad de los individuos para replicar y responder a "discursos de autoridad". Elizabeth White (2009, 4–5) caracteriza con agudeza esta filosofía de la siguiente manera: El dialogismo representa un giro metodológico hacia la desordenada realidad de la comunicación en sus múltiples formas de lenguaje. A su vez, resalta el lugar del diálogo en el marco de la heteroglosia como el punto donde interactúan fuerzas opuestas para generar un nuevo significado que se nutre de otros y excede el oficial. Es inherente a la filosofía del dialogismo el énfasis en el diálogo como un proceso de significación continuo, intercambios orales entre personas como sujetos.

Estos tres conceptos serán utilizados en conjunto para constituir el marco de análisis de este capítulo. Aquí abordo de manera crítica poemas orales que, según propongo, revelan un nivel importante de conciencia racial e interacción con la tierra o región habitada por los afromexicanos, en la medida en que sus intérpretes o autores participan con empeño en un proceso complejo de autoconstrucción. Propongo, además, que los afromexicanos compositores e intérpretes de poemas orales crean "mundos figurados" para dar a conocer su perspectiva de la pertenencia a dicha comunidad y a México en general.

Las identidades relacionales o posicionales se representan en los poemas que describen a los afromexicanos que reclaman su derecho a ser reconocidos para afirmar su lugar en la sociedad mexicana. La producción de estos poemas será tratada como muestra de la comprensión que los afromexicanos tienen de sí mismos como negros y de sus intentos de declarar quiénes son y asumir las complejidades de la autoconstrucción.

Además de cómo las teorías de los estudios culturales construyen la identidad o la agencia, se tendrán en cuenta amplias teorías poscoloniales para subrayar el nuevo discurso acerca de los afromexicanos y el legado étnico que se observa en sus poemas. El principal aspecto del discurso poscolonial al que me remitiré es tomado del revisionismo creativo de Stephen Slemon (1988) que plantea una subversión o desplazamiento de los discursos dominantes. Este revisionismo desafía los principios tanto del nacionalismo esencialista que sublima o ignora las diferencias regionales como del multiculturalismo no considerado o (mal)apropiado dirigido más hacia una asimilación forzadaque a la promulgación de la diversidad cultural (Slemon 1988, 157). Esta idea resulta realmente muy aplicable alcontexto mexicano en el que se niegan todas las consideraciones de multiculturalismo y se promueven discursos de homogeneidad.

Orgullo étnico/racial

En dos artículos previos analicé corridos/baladas y relatos populares afromexicanos Allí sostenía que, a pesar de que no había referencias específicas a la condición de persona negra en ninguna de estas manifestaciones orales, las posiciones raciales estaban revestidas de sorprendentes actitudes similares a las que otros grupos de negros, específicamente del Caribe, han descrito.[2] Sin embargo, en muchas de las coplas (poemas) de las colecciones *Alma cimarrona* y *Cállate, burrita prieta: poética afromestiza* (1992) estudiadas en este capítulo, es claro que la voz poética habla desde la comprensión de una identidad étnica particular y un contexto estructurado, o "mundo figurado", que también da lugar a reversiones creativas.

Tanto *Alma cimarrona* como *Cállate, burrita prieta* fueron producidas bajo el auspicio del Consejo Nacional para la Cultura y las Artes, con la intención de promover la cultura afromexicana. Ambas fueron compiladas por antropólogos y etnógrafos mexicanos que han desarrollado un interés por Costa Chica y sus habitantes. Estas personas ahora son reconocidas por el admirable trabajo de dar a conocer, tanto a extranjeros como a mexicanos, la presencia y los aportes culturales de los afrodescendientes de Costa Chica a la cultura mexicana. Además, trabajaron en los proyectos a partir de la preocupación de que la cultura afromexicana se encuentra amenazada y podría perderse por completo. *Cállate, burrita prieta* fue compilada por Francisca Aparicio Prudente, Adela García Casarrubias y María Cristina Díaz Pérez, con el apoyo adicional de la Unidad Regional Guerrero de Culturas Populares. *Alma cimarrona* fue financiada, además, por el Instituto Oaxaqueño de la Cultura y fue compilada, con esmero, por dos ciudadanos de Costa Chica: Angustia Torres Díaz e Israel Reyes Larrea.

Ambas colecciones han sido consideradas significativas por compiladores y antropólogos porque muestran la riqueza de la poesía oral de Costa Chica y contienen poemas centrales de la tradición cultural de la ascendencia africana de este pueblo. De acuerdo con Malinali Meza Herrera (1992, vii):

> Para comprender el fenómeno de la oralidad, entre los pueblos afromestizos, particularmente los asentados en la región de la Costa Chica (Guerrero y Oaxaca), necesariamente tenemos que remitirnos a los tiempos coloniales, cuando miles de africanos fueron arrancados del suelo de origen, para ser trasladados como esclavos a plantaciones, minas y haciendas de América. Procedentes de distintas etnias se vieron de pronto desprovistos de sus referentes culturales, sin tierras, sin dioses y sin lenguas. Enfrentados al silencio tuvieron que reinventar nuevas formas de expresión, copiar algunas y adecuar otras.
>
> Hablar, comunicarse surge como una necesidad imperiosa de sobrevivencia, una manera de burlar al amo, de reírse de él y de ellos mismos. La expresión verbal, acompaña desde entonces los actos trascendentes de la vida de la comunidad; ... tanto hombres como mujeres, niños y adultos crean y recrean esta herencia ancestral.

A través de testimonios de los compiladores se evidencia que los poemas orales son hitos de un pasado y un legado cultural africano del pueblo costeño que de modo espontáneo expresa las palabras que transmiten el sentido de quiénes son: "Cuando el sentimiento del costeño es plasmado, nace la poesía, es ésta pues, la herramienta en donde puede expresar su amor, gritar sin furia ... simplemente un reconocimiento a la vida, a su negra, a su amada Costa Chica" (Torres Díaz y Reyes Larrea 1999, 12). Los poemas se recopilaron en talleres realizados en diferentes comunidades de Azoyú, San Nicolás Tolentino, Cuajinicuilapa, Copala, Maldonado y Huehuetán. Se invitó a los habitantes del pueblo a recitar los poemas y estos fueron grabados y luego transcriptos. Los compiladores nos aseguran que en las transcripciones hicieron todo lo posible para mantenerse fieles a las grabaciones, especialmente en relación al habla popular de los habitantes del pueblo. Se prestó atención a la tendencia de los afrocosteños a suprimir ciertas letras al final de las palabras, tales como *D, A, Z, E*, así como a reemplazar *F* por *J* y *H* por *J*, entre otros usos típicos del habla local.

Los poemas orales de ambas colecciones están fundados en la vida cotidiana de este pueblo y exhiben el repertorio que se utiliza en toda la región. Por consiguiente, en algunos casos, se recogió el mismo poema con variaciones mínimas en diferentes comunidades. La gente los recita en diversos encuentros sociales, festivos y tradicionales de las comunidades. Además, en los velorios, las fiestas de cumpleaños, las reuniones familiares, los encuentros informales e incluso cuando las mujeres lavan en el río, se realizan diferentes danzas como el baile del toro.

Los poemas orales se clasifican en décimas o coplas. La décima es un poema de diez versos, cada uno de los cuales tiene, por lo general, de diez a ocho sílabas, aunque existen muchas variaciones de esta forma. Pertenece a la rica tradición oral del pueblo de la diáspora africana en el Caribe y América Latina. Se canta como una balada y se utiliza para trasmitir información importante que los pueblos de ascendencia africana de estos lugares llevan en su memoria desde siempre. David Andrade Aguirre (1999, 5) caracteriza la décima como: "hija legítima del romance y el candombe, heredera de la palabra castellana como de las leyendas fantásticas del África profunda". Claramente, las décimas son creadas para un contexto de ejecución oral, en donde la audiencia y su reacción son importantes. La elaboración verbal o el efecto creado con las palabras, la calidad dramática y el tipo de ritmo específico sugieren que la décima tiene base en una tradición de ejecución en voz alta. La lectura de las décimas en voz alta evoca vigorosamente la afirmación de Ong (2000, 14) acerca de que las culturas orales producen ejecuciones verbales intensas y hermosas de alto valor artístico y humano. De hecho, debe recordarse que estos poemas fueron producidos como creaciones orales sobre la base del discurso oral y solo han sido transcriptos por compiladores. Además, a pesar de la voz individual que presenta estos poemas, tenemos la sensación de que son recibidos y comprendidos por la comunidad a la que pertenecen. Esto nos remite a Finnegan (1992, 7) cuando afirma que la oralidad pertenece a una cultura o a toda una comunidad, no a un individuo. En consonancia con esta idea, los compiladores han registrado todas las décimas y las coplas sin atribuirles ningún narrador ni autor.

Se atenderá al modo en que estos poemas orales expresan la diversidad tanto racial como cultural de México. Los siguientes versos de la colección *Alma cimarrona* son parte de un poema escrito a partir del conocimiento o la comprensión propios de una herencia racial específica y de una crianza en un espacio geopolítico particular asociados a los habitantes afromexicanos.

> A mí me dicen el negro
> porque una negra me crió,
> y por toda la Costa Chica
> no hay negro como yo,
> porque mi nanita chula
> con buena leche me amantó.
> (*Alma cimarrona*, 27)

La voz poética insinúa de manera inequívoca el orgullo de ser reconocido como una persona negra; pero está aun más orgulloso del incomparable e indiscutible "pedigrí" que encuentra en su linaje negro y en la crianza recibida de su querida madre negra. Esto naturalmente implica una larga tradición de asumir y celebrar de manera consciente un legado y una manera de vivir únicos y bien diferenciados. El poderoso significado del poema proviene de las expresiones verbales, el uso de la asonancia y el tiempo creado a través de un patrón rítmico.

En la colección *Cállate, burrita prieta*, se evidencia este mismo intento de autoafirmación y autodefinición. La voz poética subvierte deliberadamente el discurso estereotípico y dominante acerca de la condición de persona negra, mediante la proyección de imágenes positivas. A través del indudable reconocimiento de la condición de persona negra y la elevación del hombre negro, se propone un discurso acerca de la raza negra en general y del hombre negro en particular. La estructura interna del poema revela, asimismo, la tensión que se genera cuando la joven rechaza consciente y deliberadamente la tendenciosa mirada eurocéntrica prevista, al preferir un compañero negro en lugar de uno blanco. Resulta interesante ver que el hombre negro es elegido no solo por su color, sino también por los atributos admirables que posee como caballero, romántico y amoroso:

> De arriba cayó un pañito
> derechito al dura'nito
> dejé de querer a un blanco
> por querer un trigueñito
> tendrá la sangre muy dulce
> y por ser muy hombrecito.
>
> (p. 20)

De manera similar, la vigorosa afirmación del hombre negro se evidencia en la siguiente copla extraída de *Cállate, burrita prieta*. El hombre negro es una fuente de esperanza y refugio:

> Negrito de no ser tú
> perdí la e'peranza ya'
> porque solamente en ti
> se encerró mi volunta'.
>
> (p. 21)

La pretendida/presunta sensualidad del hombre negro se glorifica en el beso inolvidable con el que trasmite su gran pasión y trasmite alegría intrínseca:

> Dicen que el negro e' tri'te
> pero yo digo que no e' verda'
> porque lo' mejore' beso'
> se dan en la o'curida'.
>
> (p. 21)

Este también es un intento de cambiar el discurso acerca de la relación, con frecuencia conflictiva, entre mujeres y hombres negros y proyectar una relación más armoniosa que sea fuente de alegría para la mujer. El patrón rítmico continuo resalta el mensaje:

> Dicen que el negro e' luto
> yo digo que no e' verda'
> porque tu' ojito' son negro'
> y se me dan felicida'.
>
> (p. 20)

El compromiso fundamental con el hombre negro, la elección suprema, se expresa en una copla animada y rítmica que expresa su belleza. Es interesante observar que la belleza del hombre negro se compara con la de una flor; la descripción sugiere una personalidad adorable y una suavidad que no suele asociarse a los hombres negros:

> Me subí a la punta del barco
> adevisar pa' roncón mi
> negrito e' bonito
> como una flor de algodón,
> no dejo de quererlo
> ha'ta botarlo al panteón
> primero le echo la tierra
> y de'pué' le pido perdón.
>
> (p. 20)

En *Alma cimarrona* la conciencia racial se deja ver también con osadía en las representaciones positivas de las mujeres afrocosteñas. El atractivo de las mujeres negras mexicanas se expresa decididamente en una animada copla que se aparta de la tendencia dominante porque se destacan los atributos físicos y la apariencia de las mujeres de tez negra en lugar de las mujeres de tez más clara. La voz poética expresa fervientemente el deseo y el ansia de estar cerca de la mujer negra y unirse a ella en matrimonio:

> De tu boca quiero un beso,
> de tu blusa un botón,
> darle a tu nombre apellido
> y de ti morenita, el corazón.
>
> (p. 17)

Evidentemente la voz poética, orgullosa de un apellido que sin duda indica su etnicidad y su origen singular, quiere compartirlo con la mujer negra; con ello revela que su intención hacia ella es también honorable porque desea hacerla su esposa. El patrón rítmico a-b-a-b de la rima refuerza el tono de alegría que subyace a la propuesta que se está haciendo y hace que la declaración sea aún más encantadora. El poema lleva la marca distintiva de que esta voz habla para una comunidad de hombres negros.

Aquí parece que la problemática de las mujeres afromexicanas tradicionalmente cosificadas y denigradas se vuelve un tema de disputa en la medida en que la voz poética parece darles dignidad, una nueva "identidad posicional" en la que ella merece ser o convertirse en la legítima esposa de alguien, en lugar de concubina sin derechos ni títulos legales. De acuerdo con Jameelah Muhammad (1995, 177): Las mujeres afromexicanas generalmente trabajan como cocineras, criadas y empleadas domésticas. Al igual que los hombres negros, se las consideran objetos de servidumbre, gordas, incultas, analfabetas, pobres y con un español ininteligible. Aun así, las mujeres negras en México no parecen escapar al mito de que están obsesionadas con el sexo. Muchos historiadores escriben acerca del deseo de los españoles de tener mujeres africanas como concubinas. En este sentido, el cuerpo de la mujer negra se convierte en una mercancía y en las grandes ciudades coloniales, como Puebla y Ciudad de México, se la conoce como prostituta. En un momento de la historia las palabras negra y "prostituta" eran sinónimos. Esta imagen ha persistido y es descripta sistemáticamente en las historietas mexicanas. La aparentemente simple propuesta de la voz poética de "darle su nombre" a la mujer se convierte en un poderoso y notable intento de alterar las representaciones desdeñosas de la identidad femenina negra en México. La idea de que la mujer negra solo es buena para satisfacer el deseo sexual de los hombres españoles, incluso por dinero, se cuestiona enérgicamente.

En otro poema, de manera clara y patente se intenta asignarle un lugar a la mujer negra, desde una perspectiva particularmente positiva. En este poema se la describe como alguien con el don de curar y reconfortar, necesaria para que la vida del hombre negro sea feliz y completa:

> Que tendrá mi corazón
> que no quiere estar conmigo
> yo le pregunto que con quién
> y me dice que contigo,
> porque contigo? Está dolido,
> y cuando lo tienes en tus brazos,
> negrita linda,
> se le quita lo adolorido.
> (*Alma cimarrona*, 17)

El tono de coqueteo le da carga expresiva a los versos y eleva su encanto.

Las "identidades relacionales"/"la posicionalidad" parecen plasmarse de manera enérgica en el papel central que la mujer negra tiene en la vida del hombre negro, tal como lo trasmite otra copla en la que la voz poética masculina expresa que prefiere morir antes que vivir sin la mujer negra:

> Negra, negra
> sin tu amor no me hallo,
> nada, nada me divierte,
> si a ti te quitan el que me
> hables,
> a mí me han deseado la muerte
> mejor que me parta un rayo
> que yo dejar de quererte.
> (*Alma cimarrona*, 22)

Las numerosas expresiones hiperbólicas de esta copla son altamente dramáticas y potentes.

Una expresión similar de gran consideración hacia la mujer negra se encuentra en un poema de *Cállate, burrita prieta*. La voz poética declara a la mujer negra motivo de arraigo y estabilidad en su vida:

> Negra sin tu amor no me hallo
> nada, nada me divierte
> mejor que te parta un rayo
> para dejar de quererte.
> (p. 22)

La repetición funciona como una estrategia discursiva importante en estas dos coplas para resaltar su naturaleza performativa y la participación de diferentes individuos en la preservación de la tradición oral de la comunidad afromexicana. En una de las colecciones, la copla está levemente modificada, pero la esencia se mantiene y le da autenticidad a su origen y significado, a la vez que muestra las competencias entre diferentes comunidades y cómo las palabras se transmiten y comparten en la vida cotidiana de la comunidad.

Otras dos coplas de *Alma cimarrona* operan de manera conjunta para dar a entender que el hombre afromexicano valora a la mujer y considera que merece un tratamiento acorde con quien ella es. La eleva a una posición de realeza merecedora de un trato especial y de excelencia. Aquí, una vez más, podemos remitirnos a los conceptos de "mundo figurado" e "identidades relacionales" para comprender que se le asigna un gran valor a la mujer afromexicana. La voz poética la reposiciona como una mujer que por condición social es digna de un trato elevado.

> A mi negrita te he de hacer
> una casita en el viento,
> la pared ha de ser de oro
> y de algodón el cimiento.
> (*Alma cimarrona*, 23)

Esta condición de reina se sostiene en otra copla en la que también se habla de la belleza de la mujer negra y se destaca su majestuosidad. Al mismo tiempo, se emplea una estrategia efectiva para indicar cómo deberían ser tratadas otras mujeres menos nobles:

> A las morena' bonita'
> una corona imperial
> a la' güera' revolcadas
> una penca de nopal.
> (*Alma cimarrona*, 35)

Se elogia la belleza de la mujer negra en contradicción directa con el discurso tradicional que la ha caracterizado como indigna de admiración por sus rasgos negroides:

> Bendito sea Dios, Negrita
> que linda y hermosa te ha hecho,
> delgadita de cintura
> y abultadita del pecho.
> (*Alma cimarrona*, 24)

La reivindicación definitiva de la mujer negra se realiza a través de la voz de la mujer que afirma su propio valor incomparable:

> Me deprecia' por morena
> tiene' toda razón
> entre perla' y diamante'
> la morena e' la mejor.
> (*Cállate, burrita prieta*, 21)

Mientras que *Cállate, burrita prieta* consta solo de versos orales, coplas y décimas, *Alma cimarrona* incluye poemas líricos, es decir, poemas contemporáneos también compuestos por autores afromexicanos. Un poema muy contundente es "Negrita cimarrona" de *Alma cimarrona* que mantiene el mismo estilo de algunas de las coplas analizadas previamente. Innegablemente se trata de un poema de autocreación y autoproyección, dado que su artífice, Israel Reyes Larrea (1999), representa la magnificencia de la mujer negra en una suerte de oda reflexiva. Reyes Larrea expresa sentimientos fuertes, pensamientos personales y probablemente un estado de ánimo en relación a la mujer afromexicana. El poema se convierte en una materialización de la dialéctica de raza, historia y cultura y asume que la condición de persona negra es un símbolo de grandeza e, incluso, resistencia. La afirmación de la superioridad negra en este discurso parece desafiar la ideología de la supremacía blanca, en la medida en que el poema conecta a la mujer negra con un origen africano mediante su respuesta al tambor, instrumento central de las culturas afrodescendientes. El ritmo apasionado del tambor resuena en el espíritu de los negros y se convierte en una cadencia eterna que despierta el espíritu africano y lo lleva a un estado de alerta:

> Ruge el tambor,
> mi negritilla se emociona,
> sale luego a relucí
> su alma cimarrona.
>
> Negra e' su cabellera
> cuculuxte la ingrata,
> su cuerpo de sirena
> su mirada me mata.
>
> Bailar ¡cómo le encanta!
> ¿a qué negra, díganme no?
> -Manque sea con charrasca
> como quera bailo yo.
>
> De tierras muy lejanas
> heredó en su piel, el color,
> la alegría, la bravura
> y bailar con sabor.

Ante nada se ejpanta
e' parte de su cultura,
lej confieso mij hermanoj
¡el no verla me tortura!

Cuando mi negrita habla,
habla sin temor,
y si es necesario bronquea,
¡pelea pa' dejuendé su honor!

Orgullosa ella ejtá
del color achapopotao de su piel,
de su cabecita puchunca
y de esos labios de miel.

Si por negra – dice –
me deprecias
no maldigas mi color
entre perlas y diamantes
¡la morena es la mejor!

No maldigo mi mulata
no maldigo tu color,
pue' de no juyirte conmigo
no tendría hoy yo tu amor.

Vengan Diablos y Tortugas,
Toros, Panchos o Minga,
tóquenme un son,
bailaré con mi pardita,
mi machete ejta desvainao,
no tengo miedo nadita,
nunca ando descuidao
por si alguien me rejpinga.
(Reyes Larrea, "Negrita cimarrona", 69)

Reyes Larrea engrandece el prototipo de persona negra que los principales escritores e historiadores han utilizado de manera despectiva para definir a los africanos y sus descendientes. Se resaltan elogiosamente los rasgos físicos, el pelo, la piel, los ojos y los labios, para invalidar todos los intentos de menospreciarlos. De esta manera, la fuerza intransigente de la raza negra en

México contradice y revisa el discurso racial tradicional perpetuado mediante el colonialismo.

La mujer negra aparece como epítome de la creación femenina, cuyo pelo negroide, "Negra e' su cabellera", es señal de belleza. La voz poética resalta este rasgo notable para celebrar la condición de persona negra y describir una imagen cautivadora del cuerpo de esta mujer. No obstante, la belleza también se vincula con la valentía, en la medida en que se advierte que un encuentro con una irresistible mujer afromexicana que incuba el espíritu cimarrón puede resultar fatal.

En el esfuerzo, deliberado o no, por redimir la imagen de la mujer negra, esta es caracterizada por su audacia y espíritu luchador intrépido. Se expresa admiración por el espíritu infatigable de resistencia y valentía de la mujer negra frente al horror. Estos se presentan como atributos naturales, innatos que emergen de la cultura africana, tipifican a la mujer negra como poseedora de coraje en la batalla y desplazan la visión ortodoxa de la dominancia de género en la guerra. Este punto de vista se materializa tanto en espíritu como en discurso, pero principalmente se actualiza en el valor imbatible que no le permitirá retirarse de ningún reto en defensa del honor. El poema de Reyes Larrea esclarece el componente histórico vinculado al color de piel negro al presentar el negro como la quintaesencia del color bello. Al mismo tiempo, la voz poética declara orgullosamente que África es la fuente y el lugar de la formación de la identidad negra y el origen de la valentía. El rico legado se materializa en la piel negra: la riqueza del color simboliza la tierra fértil y un espíritu de coraje indómito; el dominio de la danza, complemento de la música, enriquece la cultura de México con un dinamismo incomparable. El aspecto más importante de esta declaración de belleza, valentía y orgullo se refleja en la aceptación del color de la piel de la mujer negra.

La voz poética en "Negrita cimarrona" es consciente de la realidad y, al mismo tiempo, admite la ironía del contexto social en el que viven las mujeres afroamericanas dado que, a pesar de su propio orgullo, también se repudia y desprecia a la negra cimarrona representada como modelo de belleza racial. La resistencia firme frente a la discriminación racial de los negros se expresa a gritos en estos versos. Se sugiere que no hay justificación para el prejuicio ni el encasillamiento de las personas negras. El sujeto lírico condena la declaración despectiva y rechaza el desprecio hacia el color negro y la piel negra en particular. La mujer negra es metaforizada como la más valiosa de todas las piedras preciosas, incluidas las blancas; de esta manera, se rechaza una vez más la ideología de la superioridad blanca.

Efectivamente, los dogmas de la mala raza y la mala sangre, arraigados en la construcción racial e ideológica del mestizaje en México, imponen una tendencia natural a la delimitación racial inherente a este trato estereotípico hacia los afromexicanos en México. Torres Díaz y Reyes Larrea (1999) crean este poema lírico para visibilizar las peculiaridades del constructo de "raza". Si bien hay conciencia y aprecio por el propio color, también hay aceptación del color del otro. Resulta evidente que el marco de inteligibilidad expresado en relación a la identidad y el color racial incorpora el reconocimiento de la diferencia a la vez que da lugar al sincretismo étnico.

"Negrita cimarrona" también capta la centralidad de la música y la danza en la expresión cultural afromexicana. En el siguiente fragmento, el poeta expresa los modos sustanciales en que los afromexicanos participan de diferentes expresiones artísticas centrales en su cultura:

> Vengan Diablos y Tortugas,
> Toros, Panchos o Minga,
> tóquenme un son,
> bailaré con mi pardita,
> mi machete ejta desvainao
> no tengo miedo nadita
> nunca ando descuidao
> por si alguien me rejpinga.
> (Reyes Larrea, "Negrita cimarrona", 69)

La referencia explícita a diablos, tortugas, toros y mingas señala claramente la familiaridad de la voz poética con la representación de manifestaciones culturales afroamericanas específicas; asimismo, esta referencia se asocia con peculiaridades culturales que están profundamente arraigadas. Las cuatro figuras son los personajes principales de tres de las danzas más importantes de Costa Chica que se mencionan en la Introducción de este libro. En la danza de los diablos y la danza de las tortugas, los panchos y las mingas encarnan roles sagrados de hombres que buscan mujeres, aunque los participantes son todos hombres disfrazados de mujeres. En ambas danzas populares, las tortugas, las mingas y los panchos ponen en acto, de distintas maneras, una rebelión contra el *statu quo* mientras intentan derrotarse entre sí. Anita González (2009, 78) explica: La rebelión en la danza de las tortugas se expresa por medio de una referencia explícita a prácticas sexuales. Por lo general, el Pancho líder dirige al resto de los bailarines, como si controlara el juego de la seducción. Tiene la libertad de montar a la tortuga o Minga. Al igual que en la danza de los diablos y las aves, controla a los otros bailarines, pero no se controla a sí mismo. El comportamiento agresivo es mucho más atenuado en esta danza, donde el comportamiento explícitamente lascivo de los bailarines altera las normas sociales.

En el poema que se analiza, la voz poética desafía a estas figuras; esto sugiere que no lo intimidan los personajes famosos por su gran potencia sexual, sino que confía en su propia fuerza física y está decidido a que nadie pueda disputar/ dispute el lugar que ocupa en la vida de su mujer ni su capacidad para repelerlos. La referencia a su machete preparado invoca la ejecución de las danzas y una de las maneras en que las mujeres son dominadas en este espacio. Esto indica que la voz poética masculina tiene una relación paradójica con la mujer: por un lado, la celebra por su condición de negra; por otro, establece una superioridad masculina. De hecho, podría ser considerado como alguien que proyecta un poder aun mayor que la figura del Pancho, quien normalmente contiene a los otros personajes provenientes de diferentes carnavales afromexicanos asociados a Costa Chica. Efectivamente, los poemas son cruciales en la creación de vínculos entre la ocupación espacial y los inequívocos marcadores de identidad del pueblo de las regiones costeñas. Al privilegiar la presencia y la cultura afromexicana, este poema problematiza el discurso racial de México según el cual el pueblo de origen africano es ínfimo.

El poema "Pa' mi Nicolasita", escrito por Donají Méndez Tello (1999) en *Alma cimarrona*, es una dedicatoria que ilustra el concepto de "mundo figurado", presente en el amor y la admiración profunda que la voz poética siente por la mujer negra. Se refuerza una sensación de asombro ante su belleza en el cuidado meticuloso con el que se dirige a ella, como en el primer verso de la cuarteta inicial: "¡Ay que mi nitare' bonitilla!". Méndez Tello (1999) añade admiración a la expresión de cariño mediante el uso del diminutivo de "bonita", un lenguaje amoroso. Hay delicadeza en el andar de la mujer negra y el poeta lo remarca como una cualidad cautivadora que la empodera:

> Mira nomaj qué sensual caminas
> Y me da coraje que te vean
> los niños
> ¡Ay mi Nicolasita!
> (Méndez Tello, "Pa' mi Nicolasita", 72)

La voz poética expresa el profundo amor que siente por su mujer negra y sugiere algunos matices y textualidades de las relaciones. El profundo compromiso y el amor que siente son tales que la voz poética quiere mantener a su mujer fuera del mundo para poder estar con ella sin interrupción:

> Te quiero tanto mi negritilla
> que yo te pongo un bajarequillo
> pa' que ejtemos nomaj los doj
> solitos.
> (Méndez Tello, "Pa' mi Nicolasita", 72)

Se puede sostener que el sentimiento de posesión que acompaña la representación de la mujer, "mi negritilla", sugiere cierto grado de ambivalencia; sin embargo, el amor que el hombre siente por ella parece superarlo.

En la representación del esfuerzo del hombre negro por conquistar a la mujer negra, la voz poética también deja ver, en parte, vínculos comunitarios y aspectos del estilo de vida del pueblo que consolidan la dualidad de una comunidad autónoma que coexiste con una cultura colectiva. La consecuencia es que el hombre negro comprende la importancia de mantener a su familia y de contar con el apoyo de la comunidad en su conjunto para conservar su unidad. No hay rastros de indolencia ni irresponsabilidad por parte del hombre negro, más bien, hay un sentido de orgullo por construir lazos familiares fuertes con una esposa y aumentar la población negra. Además, es evidente la decisión de autocrearse y proyectar imágenes que resignifiquen a los negros. Desaparecen las representaciones estereotípicas del hombre y padre negro negligente:

> ¡Júyete conmigo ahora mejmo
> y ya dejpué que najca el munchito,
> se lo levemos a papacitoj.
> Mira, la veredeta que va a tu casa
> acompañándola también ejta
> mi mula prieta que quiero tanto
> y que me ayuda a cargá el mai.
> Anda mi negra no sea jingrate,
>
> júyete conmigo, ni piensejmá
> que ejte año si Dios me ayuda
> toda la siembra del limonar
> será pa' nosotroj doj,

Pa' que tengamos otro munchito
y al año, otro, nomaj!
(Méndez Tello, "Pa' mi Nicolasita")

En las coplas y los poemas líricos se proyecta una fuerte conciencia de la condición de persona negra y se señala la conciencia racial como una esfera de liberación. Se posiciona a los hombres negros para que demuestren que la opresión a los afromexicanos trasciende los límites del género e incluye a las mujeres. Las imágenes de hombres negros majestuosos acompañan las de mujeres negras majestuosas. Cada referencia positiva a la mujer negra, cada reconocimiento de su belleza contribuye a modificar el modo en que es percibida y tratada e indican una conciencia de que todo plan destinado a la legitimación racial/social debe incluirla. Las imágenes o las declaraciones positivas sugieren, además, una conciencia por parte de los hombres y las mujeres negras de que comparten un legado y una historia de esclavitud, colonialismo y opresión racial que deben sustentar su autoconstitución.

Un aspecto decisivo de la autodefinición, la liberación y el acceso a la ciudadanía por parte de los hombres negros debe ser la igualdad entre mujeres y hombres y la consideración de comunidad en su conjunto. Las imágenes positivas indican que los hombres negros comprenden la necesidad de que las posiciones de poder entre ellos cambien para ponerle fin a la denigración de las mujeres negras, y revalorizarlas y, por lo tanto, acallar las voces de la dominación y el racismo contra las que ellas luchan en forma permanente.

Lugar e identidad

En los estudios de las sociedades poscoloniales también se le ha dado importancia al rol que tiene el lugar en la formación de la identidad. De hecho, las formas orales sirven como una prueba del multiculturalismo de México en tanto revelan una conciencia cultural y lingüística y una sensibilidad colectivas que se emplean para caracterizar al grupo afromexicano y narrar su apego a una región y un legado cultural particular. Los narradores de los poemas orales y los autores de los poemas líricos de *Alma cimarrona* se sirven de la versatilidad de esta manifestación artística, décimas y coplas, para expresar quiénes son desde su propio punto de vista. De hecho, los versos revelan cómo la poesía está ligada a un espacio/lugar de México particular e identifican a un grupo que obviamente es consciente de sus características etnorraciales.

El poema "Canto a la costa mía" ofrece una articulación poderosa y resonante al formular su pedido. La palmera aparece como un medio de comunicación elocuente entre la tierra y su pueblo. En los siguientes versos se evidencia un llamado específico a la voz poética que actúa como el oráculo inmediato para cantarle a la tierra, su Costa Chica. La afirmación de la posesión de la tierra muestra la familiaridad y el apego de los habitantes a ella. El lugar está innegablemente ligado a la formación de la identidad y, por lo tanto, la dedicación musical del poeta es no solo una expresión, sino también una extensión de la identidad encarnada en la fusión caleidoscópica entre tierra y pueblo.

La intervención de la naturaleza en el tributo a la zona de Costa Chica le asigna a esta forma poética una fuerza inequívoca: "El mar arrulló mis versos / en sus olas cadenciosas". El homenaje transmite un evidente respeto que se expresa en la suave quietud del mar. En este sentido, este género sirve para avivar poéticamente la tradición oral al reconocer y elogiar el regionalismo: se particulariza Costa Chica para canonizarla. La voz poética revela que el espacio es un refuerzo del lugar y transmite un mensaje de posesión y familiaridad con la tierra y el mar:

> El mar arrulló mis versos
> en sus olas cadenciosas,
> a ti Costa Chica mía
> te dedico algunas coplas.
> (Zárate Arango, "Canto a la costa mía", 52)

Si bien se destaca enérgicamente que la cultura dominante de México no reconoce la zona costeña afromexicana ni su pueblo, el emblema costeño "afromexicano" afirma inequívocamente la existencia de este pueblo. Los versos dedicatorios trasmiten la injusta falta de reconocimiento y, a la vez, acentúan un orgullo innegable de raza y lugar. Las cadencias rítmicas y las asonancias internas de estos versos celebran la individualidad negra, establecen un nacionalismo y un regionalismo específicos en el marco general del pluralismo racial negado en México y, por último, demuestran que el mestizaje es un rechazo del alineamiento y la distinción regional.

La particularidad regional es omnipresente en "Canto a la costa mía" en tanto se valoran los rasgos que caracterizan a los pueblos y localidades a lo largo de Costa Chica. Acapulco es conocido por los artísticos y esbeltos bailarines de chilena, una danza popular afromexicana, y por las mujeres de sangre puramente costeña:

> De Acapulco hasta mi tierra
> se ha bailado la chilena,
> orgullo de sus mujeres
> de pura sangre costeña.
> (Ibid.)

El orgullo racial se destaca por la referencia al linaje impecable de "los costeños". La conceptualización de "pura sangre costeña" desmitifica y desmiente el estereotipo colonial básico y latente de las etnicidades negras como "la mala raza" y "la mala sangre". La admiración de la belleza de la región dice mucho acerca del contraste entre las diferencias raciales de la realidad y el trasfondo de igualdad de la realidad percibida sin que estas sean intencionalmente antagónicas.

La conciencia racial está ligada al lugar en tanto se sugiere que lo distintivo de las mujeres de Costa Chica tiene que ver con su lugar de origen. Una característica común y dominante a lo largo de la región costeña es la presencia de una gama de mujeres hermosas cuya belleza impactante es reconocida. A la vez que se elogia a las mujeres por su belleza, se reconoce a los hombres por sus destrezas y valentía: "la cuna de hombres valientes" ("Canto a la costa mía", 52, estrofa 4). Además, el pueblo costeño de Cuajinicuilapa, área con el mayor número de pueblos afrodescendientes en México, es considerado cuna e incubadora de los afromexicanos célebres. La identidad racial negra está dotada de fortaleza en estos versos que afirman su capacidad para generar un tipo especial de hombres y mujeres:

> De Ometepec se pregona
> tener mujeres bonitas,
> Cuajinicuilapa [. . .]
> [. . .]
> la cuna [. . .]
> y de morenas bonitas.
> [. . .]
> Cuajinicuilapa es bello
> por sus mujeres bonitas
> (Ibid.)

El orgullo regional y el nacionalismo se destacan como rasgos emblemáticos de las comunidades costeñas afromexicanas. Se considera el lugar como el corazón, el órgano vital de la vida de este pueblo. La veneración y la adoración se inspiran exclusivamente en una afinidad con la geografía, por lo que hay una dualidad en la identificación de la gente y el lugar. Hay un sentido de ser esencialmente integrado al lugar; no parece haber una separación entre este y la gente: identidad y nacionalidad se vuelven sinónimos de identidad y región. En otras palabras, la región geográfica evoca una identidad y un carácter propios de este pueblo:

> San Marcos mi corazón
> te canto por ser costeño,
> es la única razón
> del canto de este cuijileño.
> (Ibid.)

Este apego profundo de los afromexicanos a su medio natural contiene una marca indeleble de conciencia racial: "costeño que soy" y "moreno del corazón" son, sin duda, sinónimos. La costa es el lugar donde viven, conciben su identidad y forjan una alianza que excede el tiempo y lo efímero; esta alianza ingresa a un ámbito casi espiritual donde la pertenencia de los nativos a la región costeña está precondicionada por el hecho de que son afromexicanos. Esto se expresa en el pedido y el deseo sincero de ser considerados mexicanos de ascendencia africana verdaderos y comprometidos. La comunidad está, sin duda, arraigada profundamente en la zona geográfica:

> San Nicolás yo te pido
> como costeño que soy,
> que no olvides lo que he sido
> moreno del corazón.
> (Ibid.)

El orgullo por la región pone de manifiesto el orgullo por la nación en un punto consumado y absoluto que resuena en la última estrofa del poema. Además, las mujeres son presentadas como un emblema de la belleza de la región, por ello acentúan el valor de la región y el país, a pesar de que esto puede ser visto como una manera inoportuna de tipificarlas en términos patriarcales tradicionales:

Cuajinicuilapa es bello
por sus mujeres bonitas
es un pueblo guerrerense
¡¡Orgullo de Costa Chica!!
(Ibid.)

De manera semejante, un sentimiento entusiasta de posesión de lugar y la firme sugerencia de que la etnicidad está ligada al lugar que ocupan los negros en México, se expresa en la siguiente copla de la misma colección, *Alma cimarrona*:

Soy de puro Costa Chica
donde reinan los guerreros,
donde los hombres
¡son hombres!
y las mujeres, ¡mujeres!
Donde no nacen maricas
y los que nacen ¡se mueren!
(p. 33)

Aquí, la voz poética elabora su autoformación a partir del conocimiento del lugar de origen y la comprensión particular de que la sexualidad de los negros se relaciona, sin reservas, con la heterosexualidad. Los tres contextos, "mundo figurado", "posicionalidad" y "autoría", están estrechamente ligados a estos versos. La voz poética crea un mundo, un mundo imaginario, como si estuviera establecido/dado que cuando estos factores – el lugar, la condición de persona negra y una orientación sexual particular – convergen se trata de un auténtico afromexicano. Cuando la voz poética expresa la manera en que pretende ser comprendida y considerada se evidencia la fuerte conciencia de sus derechos en el marco de una "identidad relacional". La voz del "yo" altera, sin duda, el discurso autoritario, oficial y monologal de México para convertirse en su propia autora particular e indisolublemente ligada a un lugar y una visión cultural específicos.

La afinidad de los afromexicanos por la tierra cuyas regiones costeñas son emblemáticas de la etnicidad y la identidad cultural afromexicana resulta ostensible en "Costa" de Efraín Villegas Zapata (1999). El poema singulariza la región al identificar su carácter único de tal manera que el lugar no es solo una referencia geográfica o espacial, sino la encarnación de la existencia humana codificada por un rico legado cultural y un componente genético colectivo que determinan a un pueblo. La cuarteta inicial describe un panorama pintoresco de la costa y la vida costeña. Inmediatamente, se distingue una interconexión entre el paisaje y el pueblo:

> Costa canción y caricia,
> borrascosa como el mar
> donde vive sin matar
> la vida se desperdicia.
> (Villegas Zapata, "Costa", 53)

El trato afectuoso en el primer verso sostenido por la musicalidad de la aliteración expone una sensación de suavidad y sutileza que de inmediato y paradójicamente se compara con la cualidad imprevisible y turbulenta del mar, "borrascoso". La belleza de la tierra también se compara con la longevidad que se desarrolla sin prisa en una trayectoria natural, "donde vivir sin matar/ la vida se desperdicia". El espíritu de la costa, que consume y atrae a sus habitantes, tiene un sentido de vivacidad cultural y vibración inherentes que enfatizan el espíritu del tiempo costeño de tal manera que todos quedan cautivados por su magnetismo irresistible:

> La costa es pasión que asfixia
> tiene el vicio de bailar,
> se entrega toda al amar
> como una ingenua novicia.
> (Ibid.)

De nuevo, vemos que la tradición oral es una parte integral de la vida cotidiana en la costa y se mezcla con actividades mundanas y estrategias de supervivencia. El punto de vista del trovador es combativo, digno y demuestra el espíritu luchador indomable de los mexicanos afrodescendientes. Es este punto de vista el que se convierte en una dramatización de lo que él imagina toda persona afromexicana debe hacer:

> Montado en un cuaco briosco
> pajarero y bailador,
> sale un negro trovador,
> con un machete filoso
> para defender su honor.
> (Ibid.)

Se evoca la imagen de un guerrero orgulloso, preparado y dispuesto para la batalla "con un machete filoso" como muestra de la pasión por la vida entre los habitantes de la costa.

"Costa" describe la imagen alegre de una región exuberante y con recursos, pueblo y cultura diversos. Cada lugar se distingue por su rasgo particular, una combinación ecléctica de características raciales inequívocas que, en última instancia, unen la cultura y el pueblo. Villegas Zapata rinde homenaje a cada región costeña por el producto particular con que se la conoce y sugiere que hay fuertes vínculos entre la tierra y las actividades de los afromexicanos.

> Pochutla huele a café
> y Puerto Ángel a marisco
> Pluma Hidalgo es gallo arisco,
> pelea sin saber por qué.
> (Ibid.)

La diferenciación regional se materializa en diversos productos: el café aromático, fuerte y negro refleja la tierra y su pueblo; los mariscos, que evocan el fuerte olor del océano, promueven la principal actividad comercial y especialización de la región; y Pluma Hidalgo rinde homenaje al héroe afromexicano que luchó por la libertad, cuyo espíritu combativo está inmortalizado en la identidad de los afromexicanos costeños.[3] La metáfora pone de relieve la intrincada relación entre el espíritu de lucha y la orgullosa naturaleza cuya apariencia atávica produce un fervor constante por la revolución ignorado por los factores externos. La referencia específica a Hidalgo en el verso "pelea sin saber por qué" es, quizás, una referencia a que el revolucionario fue aniquilado mientras luchaba por la igualdad de todos los mexicanos en el periodo previo a la independencia.

"Costa", sin duda, pone especial atención en la población de la región, al celebrar el nacionalismo, el orgullo racial y la unidad. Las distinciones entre los habitantes de las diferentes áreas se plantean para quebrar las percepciones estereotípicas que existen de los afromexicanos como un único grupo homogéneo sin cualidades, habilidades ni rasgos específicos o distintivos. En este sentido, Sola de Vega, es reconocido por la belleza excepcional de sus mujeres, equiparable solo a su propia extravagancia. Por el contrario, a las mujeres de Juquila se las conoce por su dedicación religiosa y actos devotos:

> Sola de Vega es mujer
> muy bonita y veleidosa,
> Juquila es mujer piadosa
> que milagros sabe hacer;
> (Ibid.)

La música y la danza, manifestaciones artísticas vibrantes y poderosas del legado africano, sintetizan la expresión cultural en las regiones costeñas afromexicanas. Se considera que ambas expresiones artísticas son el corazón del pueblo y que la existencia de este es insignificante sin ellas. El arte performativo es visto como una válvula de escape, así como una innata expresión de identidad que unifica al grupo:

> Se puso luego un fandango
> un violín y un bajo quinto,
> cantaba el negro más pinto
> una chilena de rango,
> yo lo zapatié en un pango
> y hasta cimbraba el recinto.
> (Ibid.)

La cordialidad marca la atmósfera en la que los afromexicanos, a través de la música y la danza, ponen en acto la identidad que quieren proyectar de sí mismos. De acuerdo con Anita González (2010, 2), la actuación les permite a los seres humanos aclarar y articular su historia mediante expresiones con el cuerpo, "la existencia" a través de la imitación con máscaras o la improvisación elaborada.

Es innegable la manera en que tanto los poemas orales como los líricos están impregnados de una cualidad rítmica y musical. Estas cualidades hablan del legado religioso africano de este pueblo y cómo este preservó los aspectos de la cultura de ascendencia africana y, de esta manera, remiten a la centralidad que tenían para los ancestros de quienes las heredaron. Como prueba de la gran atracción que la música y el ritmo ejercían sobre los esclavos africanos y sus descendientes en América Latina durante y después de la esclavitud, George Andrews (2004, 29) escribe: La música y la danza eran sanadoras en muchos sentidos, un bálsamo para el cuerpo y la mente. Los movimientos gráciles de la danza realizados solo por placer y goce eran la antítesis y la negación directa del dolor y el cansancio del trabajo forzado. Cuando se realizan colectivamente, como solían hacerlo, la danza y los sonidos africanos apartaban, al menos por un momento, la condición social inferior de esclavo y creaban un sentido alternativo y profundamente sanador de persona y pueblo. Históricamente, el ritmo, la música y la danza hacían que la vida fuera soportable y permitiera un mínimo de autoafirmación. Después de siglos de exposición al catolicismo, los afromexicanos obviamente seguían disfrutando del ritmo del tambor, la música y la danza que la acompaña. Andrews (ibid.) argumenta: Una de las ideas centrales de la música africana es que el ritmo nos eleva por encima del trajín diario al transformar la conciencia, al transformar el tiempo y al transformar experiencia del momento y elevarla. Ese efecto de alteración de la conciencia es enteramente intencionado: en África y su diáspora en el Nuevo Mundo, el ritmo y la música eran una parte esencial de la práctica religiosa, particularmente destinada a crear las condiciones emocionales y espirituales para que los dioses se manifestaran por medio de la posesión y "la elevación" de sus fieles. La percusión y la danza eran elementos fundamentales del ritual religioso africano; y, a medida que adoptaban el cristianismo y lo vinculaban a sus usos, los africanos transformaron, una vez, más el catolicismo ibérico con la introducción de la potencia de los tambores.

Hemos analizado las diversas maneras en las que los afromexicanos construyen su identidad creando "mundos figurados" tanto en poemas orales como líricos y presentan la realidad tal como la entienden y como quieren que la sociedad mexicana en su conjunto los perciba. Representan diferentes identidades culturales en los "mundos figurados" y proyectan imágenes de sí mismos y su región. Las regiones que habitan se reconocen como "espacios de creación" que les permiten elegir una gama de "identidades posicionales", afirmar su propia autoconstrucción cultural y racial, derribar los mitos acerca de quiénes son y trastocar las explicaciones que niegan su contribución y un lugar en la nación mexicana. Las ideas de armonía y conexión entre los afromexicanos y la tierra o la región parecen sugerir que este pueblo puede unirse al resto de la sociedad mexicana y vivir en una armonía similar.

Asimismo, las identidades que se reivindican sirven para refutar el concepto de mestizaje en términos de homogeneidad que se emplea en las definiciones oficiales de nación e identidad en México. Asimismo, el énfasis que estas identidades ponen en la afirmación de la condición de persona negra, el regionalismo y el diálogo entre estos refleja plenamente al argumento de Benítez-Rojo (1996, 26), según el cual el mestizaje no es más que una concentración de diferencias. Es decir, las diversas revelaciones de afrocentralidad que se desprenden de los poemas contradicen el argumento de que el mestizaje es una síntesis o una homogeneidad. Los poemas exponen la gran conciencia racial de los intérpretes y los autores de poemas afromexicanos e incluso una mayor conciencia del vínculo entre los lugares que ocupan y su propia representación como irrefutablemente mexicanos.

5.

Afromexico en el contexto de una estética cultural y literaria caribeña

There are performers who were born in the Caribbean and who are not Caribbean by their performance; there are others who were born near or far away and nevertheless are.
[Hay performers que nacieron en el Caribe, y no son caribeños por su performance; hay otros que nacieron más acá o más allá, y sin embargo lo son.]
    —Antonio Benítez-Rojo, *The Repeating Island* [La isla que se repite]

The Caribbean constitutes in fact, a field of relationships ... a threatened reality that nevertheless stubbornly persists.
[El Caribe constituye de hecho un campo de relaciones ... una realidad amenazada que no obstante persiste obstinadamente.]
    —Édouard Glissant, *Caribbean Discourse* [El discurso antillano]

En la década de 1970 en México durante el mandato del presidente Luis Echeverría (1970–76), se adoptó una nueva postura política en relación al Caribe. Esta nueva posición – según la cual México es también un país caribeño – fue reforzada en la década de 1980 cuando este país se declaró país caribeño sobre la base del pasado histórico compartido y de las semejanzas entre las culturas.

México, al igual que el Caribe, fue escenario de feroces combates y disputas mientras los conquistadores europeos trataban de tomar control de los territorios. La esclavitud sobrevino en ambas regiones, cuando quedó claro que las regiones eran extremadamente útiles para la producción de ganado, caña de azúcar y otros productos agrícolas. La relación de México con Jamaica en particular se remonta al período colonial. De acuerdo con Laura Muñoz (1990, 89): "Durante el resto de la época colonial y después de la Conquista y colonización inglesa de Jamaica, las relaciones entre esta y la Nueva España se desarrollaron, fundamentalmente, en torno a tres aspectos: el tráfico de esclavos, los asedios de piratas y el comercio ilegal practicado por los ingleses en las costas del Golfo de México." En 1713, esta relación se fortaleció aún más cuando a los ingleses se les reconoció el derecho exclusivo de abastecer de esclavos a las colonias españolas. Esto se hizo a través del puerto de Veracruz y luego Campeche (Aguirre Beltrán 1946, 348). Jamaica funcionaba como el principal punto de contacto entre México y la región del Caribe durante el período colonial. Había una comunicación constante entre los gobernadores generales de Veracruz, Yucatán y Jamaica por asuntos controvertidos como la paz en la región y la presencia de ingleses en aguas que se consideraban españolas, entre otros (Muñoz 1990, 90). La relación entre México y el Caribe también se reafirmó con la creación del consulado mexicano en Jamaica en 1857, el primero de la región. Este consulado monitoreaba el movimiento de personas así como las actividades comerciales y marítimas, incluido el ingreso de buques mercantes al puerto de Veracruz, la navegación por toda la región entre los dos corredores y el ingreso al puerto de Kingston.

La migración cumplió un papel clave en la creación y el fortalecimiento de lazos entre el Caribe y México. En el siglo XIX, en sus intentos por lograr la independencia económica, el gobierno de Porfirio Díaz se esforzó por atraer extranjeros para que trabajaran en el sector agrícola. Algunos extranjeros también fueron reclutados para trabajar en la elaboración de whisky y cerveza, la preservación de la carne y la industria minera. Tanto las empresas públicas como las privadas preferían trabajadores que afirmaban ser cubanos, puertorriqueños y jamaicanos, como resultado de lo cual cientos de trabajadores caribeños viajaron a México. Se esperaba que construyeran la economía mexicana. La mayoría de estos eran jamaicanos que buscaban mejorar su propia calidad de vida. En 1882, aproximadamente trescientos trabajadores jamaicanos fueron a trabajar a la línea ferroviaria Tampico-San Luis Potosí-Tampico del Ferrocarril Central, que servía para conectar la Ciudad de México con la costa (Muñoz 1990, 91).

En 1889, la compañía ferroviaria contrató nuevamente mano de obra jamaicana para que trabajara en los muelles (González Navarro 1960). Los jamaicanos habían demostrado ser muy trabajadores, a pesar de que las condiciones en las que trabajaban para construir las vías del ferrocarril eran insostenibles. Diferentes empresas y gobiernos mexicanos continuaron reclutando jamaicanos para que trabajaran en áreas que iban desde la agricultura hasta la descarga de carbón, tarea para la que los indígenas mexicanos habían demostrado no ser lo suficientemente fuertes. En 1905, una empresa minera de Guanaceví reclutó a trescientos jamaicanos para el trabajo en las minas de México, a pesar de las protestas de algunos mexicanos que creían que aquellos estaban quedándose con sus empleos (*El Imparcial*, 6 de abril de 1905, 1). Muñoz (1990, 94) argumenta que "a pesar de las condiciones adversas, la capacidad de oposición y resistencia de estos trabajadores contra la nueva forma de esclavitud que constituía su relación laboral fue extraordinaria". Sin duda alguna, el pueblo caribeño, principalmente el jamaicano, ha realizado contribuciones significativas al desarrollo histórico, social, económico y cultural de México. Es altamente improbable que, tras años de interacción, intercambio y colaboración entre la región del Caribe y México, el pueblo caribeño no haya dejado también marcas de su propia cultura afrodescendiente en la sociedad mexicana. Sin embargo, las investigaciones no han registrado este aspecto.

Parte de este capítulo gira en torno al reconocimiento de las innegables conexiones históricas y culturales entre el Caribe y México para sugerir que las manifestaciones culturales afromexicanas se pueden ubicar en el marco de una estética cultural y literaria caribeña más amplia. Las investigaciones documentan que a comienzos del siglo XX en México habían sobrevivido algunas prácticas religiosas con hierbas de origen afrojamaicano y que muchos mexicanos adinerados acudían a un herborista jamaicano para que les curara enfermedades y resolviera problemas en las relaciones amorosas. Además, como observa Muñoz (1990), si los jamaicanos pudieron llevar la música, la danza y otras formas culturales a Londres y otras partes del mundo, entonces, sin duda, debe haber quedado algún rastro de la influencia caribeña en la cultura mexicana.

Además de considerar las conexiones históricas y culturales, la herencia o el legado, el capítulo ampliará el debate y examinará los modos en que la cultura afromexicana en sí puede ser ubicada en el marco de una estética cultural caribeña. Examinaré una selección de poemas de la colección *Alma cimarrona*.

En el intento por suscitar la participación de los afromexicanos en el proyecto de recopilación de estos poemas, los antropólogos culturales los persuadieron de la necesidad urgente de rescatar de la oscuridad a su propia comunidad y cultura y de resistir el principio homogeneizador del mestizaje. Los análisis revelarán que estos poemas problematizan la configuración tradicional de la nacionalidad mexicana. Mi intención es argumentar que estos poemas añaden diversidad y una definición de nación particular a la cultura mexicana y por lo tanto se enmarcan en el discurso de una estética cultural y literaria caribeña más amplia. Esto se explica, en primer lugar, porque tradicionalmente esta estética incluye expresiones de búsqueda de identidad nacional en oposición a invenciones culturales de Europa (Forbes 2005, 4). También examinaré hasta qué punto estos poemas pueden ubicarse en la tradición del discurso caribeño que ha cerrado un circulo cuando José Martí propuso la idea del Caribe como parte del continente americano, criollo y heterogéneo (Dash 1998). A finales del siglo XX, Glissant (1989, 19) caracterizó el Caribe como un espacio marcado por la diversidad y la transculturalidad, mientras que para Benítez-Rojo (1996, 4) el Caribe no es un archipiélago común, sino un meta-archipiélago. Tanto Glissant como Benítez-Rojo ofrecen términos que sugieren la posibilidad de expandir las definiciones geográficas y culturales del Caribe. Por su parte, Glissant propone un espacio geográfico que abarca el Caribe y su periferia. El concepto de Benítez-Rojo de un Caribe expandido puede ser una empresa más metafórica, pero ambas definiciones funcionan conjuntamente para proyectar el Caribe como un espacio cultural más amplio respecto la forma en que ha sido conceptualizado tradicionalmente.

Es discutible que la concepción de la producción literaria y cultural afromexicana como objeto de estudio caribeño se proyecte menos en Costa Chica que en Veracruz, puesto que esta se encuentra en la cuenca del Caribe. De hecho, la propia ciudad ha adoptado como lema la expresa afirmación "Veracruz también es Caribe" para resaltar hasta qué punto esta ciudad comparte lazos históricos y culturales con el Caribe. Pero esta afirmación no se sostiene exclusivamente por la ubicación geográfica; también se la atribuye a diversos aspectos de la herencia africana que han sobrevivido en la ciudad y el Caribe. En 1990, la ciudad llevó a cabo el segundo foro con el mismo lema y la firme insistencia de que "pensamos que el concepto Caribe, desborda la visión geográfica... y que su vecindad le ha permitido impregnarse de este proceso histórico y cultural" (Juárez Hernández 1990, 7). Entre las manifestaciones culturales derivadas de las tradiciones africanas se encuentran los ritos, las prácticas religiosas y varios aspectos de la tradición oral, como los analizados en el capítulo anterior. El desarrollo de estas manifestaciones ha sido analizado como un factor esencial en la construcción de identidades a partir de una conciencia y una presencia africana.

El libro *Alma cimarrona* que hemos analizado consta de dos secciones: la primera incluye coplas, composiciones populares que estaban registradas pero que no pertenecen a un autor particular; y la segunda incluye poemas líricos escritos por distintos autores. En el capítulo anterior, definimos la copla como una composición lírica popular o balada de origen español que varía en su extensión, dado que las estrofas pueden tener de tres a cinco versos, de ocho a doce sílabas cada uno. El proyecto de compilar las coplas afromexicanas recuerda uno desarrollado en la región de Esmeraldas, Ecuador, por la escritora Luz Argentina Chiriboga (2001) que consideraba que esta manifestación cultural afroecuatoriana corría el riesgo de extinguirse. Al igual que las afroecuatorianas, las coplas afromexicanas se caracterizan por la asonancia y la rima en los versos pares, de acuerdo con la tradición oral de la que provienen. Las copas remarcan la centralidad de las tradiciones orales en las definiciones de la afromexicanidad, en tanto interactúan para definir el ser. Las coplas están dispuestas en grupos temáticos llamados "Escolares", "Amor y piropos", "Ofensivas" y "Groserías". El contenido de cada sección se corresponde gráficamente con el título. Por ejemplo, la sección Amor y Piropos presenta los intentos de seducción, la ternura y el coqueteo entre voces poéticas masculinas y femeninas, como se evidencia en los siguientes versos:

> Bendito sea Dios, Negrita
> que linda y hermosa te ha hecho,
> delgadita de cintura
> y abultadita del pecho.
> (*Alma cimarrona*, 24)

El propio movimiento rítmico de los versos, los fuertes sonidos vocálicos y la repetición del sonido "a" pronunciado interna y externamente crean un atractivo tono de halagos directos y atrevidos.

En la sección "Groserías" encontramos los siguientes versos que muchas veces revelan un nivel de rusticidad, menosprecio inofensivo y desvalorización:

> Yo le pregunté a Cupido
> que si había mujer honrada
> y me respondió afligido
> que en este mundo no hay nada,
> pa' putas, todas son putas,
> mayormente las casadas,
> y también quieren hablar
> hijas de siete chingadas.
>
> ... Eres puta y eres puta,
> tienes la cara de res,
> cómo dices que eres monja
> y te manejas a tres,
> y tu marido es un rependejo
> que no te lo echa de ver.
> (*Alma cimarrona*, 45-46)

La caribeñidad en estas coplas radica, en primer lugar, en la oralidad, una oralidad que proviene de las intensas descripciones gráficas, el ritmo, la rima y la musicalidad natural. Sugeriría, además, que presentan ciertos aspectos de la "verdadera oralidad" tal como lo explica Phillip Nanton (1995, 89-90): la verdadera oralidad siempre empleó los juegos de palabras y el humor para encender el poder de la palabra y se apoya en juegos de palabras y bromas sobre "cosas serias". Aquí, los asuntos serios como el adulterio o la inmoralidad sexual se presentan de manera humorística, aunque sarcástica. Efectivamente, observamos que, si bien no hay un amplio uso de imágenes, los poemas descansan en gran medida en el humor y la potencia del lenguaje simple y directo empleado de una manera rítmica; este ritmo se desprende de la asonancia, la rima y principalmente del sentido gráfico y el efecto de conmoción que causan algunas expresiones.

Algunas coplas son diálogos entre dos personas, casi siempre un hombre y una mujer, que se baten verbalmente en un intercambio de insultos o autoelogios. En algunas de estas, las mujeres desprecian a los hombres culpables de infidelidad y sexismo, mientras que en otras, la voz masculina muestra una fuerte actitud machista. En otras, los personajes masculinos y femeninos están claramente identificados e intercambian comentarios despectivos, como en la siguiente. De alguna manera parecen evocar los espectáculos de competencias de calipso *extempo*. El extempo es un subgénero musical de

Trinidad y Tobago derivado del calipso que se basa en la improvisación y tiene carácter competitivo. Consiste en inventar o improvisar la letra de un calipso frente al público. Los intérpretes recurren al ridículo, la adulación y el ingenio para superar a un competidor, como en el siguiente ejemplo:

> Él:
> Las mujeres son . . .
> son como el demonio,
> parientes del alacrán,
> nomás ven al hombre pobre
> paran la cola y se van,
> pero si los ven con dinero,
> hasta les abren el zaguán.
>
> Ella:
> Los hombres dicen que
> son el demonio las mujeres
> y por dentro están pidiendo
> que el demonio se los lleve.
> (*Alma cimarrona*, 41)

El objetivo de estas coplas es entretener a la audiencia, aunque el humor suele ser ofensivo e insultante tal como en los versos anteriores. La dinámica de las relaciones de género en estas coplas es ciertamente interesante porque, a pesar del evidente machismo y la misoginia que se despliega en algunas de ellas, las mujeres también son elocuentes y muchas veces superan a los hombres en los insultos y burlas subidos de tono. Nuestra reacción puede ser la risa o la crítica ante la degradación recíproca entre la voz poética masculina y la femenina. Más allá del sistema de valores que podamos tener para responder al tono o al mensaje, estos intercambios revelan un aspecto del modo de vida de una comunidad y son una muestra de cómo sus miembros se empeñan en redefinirse en un contexto evidentemente marginado. Incluso algunas de las coplas más tiernas, indiscretas o espontáneas revelan, quizás, un compromiso inconsciente con la raza y la conciencia de sí mismos, como se puede ver en el uso frecuente de los términos "negra", "negro" y "negrita":

> Me puse a bañar un negro
> a ver que color tenía
> entre más se lo tallaba

más negro se le ponía.
("Groseros", *Alma cimarrona*, 45)

Que en un plano superficial puede llevar a simple risa, en un plano más profundo parece indicar el reconocimiento de un compromiso persistente hacia una ideología afrocéntrica. En el debate acerca de la verdadera oralidad, Nanton (1995, 89) afirma además que en el poema oral cuando hacemos un chiste, en realidad no estamos haciendo un chiste. El humor revela, no obstante, la capacidad de burlarse de uno mismo y, a la vez, comunica un sentido más profundo y serio.

En este contexto, podría resultar útil recordar las teorizaciones de Édouard Glissant (1989, 104) acerca de la importancia de la forma de expresión empleada en la articulación de la identidad: La actividad literaria es parte de una conciencia colectiva que en busca de sí misma, es no solo una explicación de la comunidad, sino también una reflexión (y una preocupación) sobre la cuestión específica de la expresión. Esta forma de discurso no se satisface con la mera expresión sino que articula, al mismo tiempo, la razón por la que se usa esa forma expresiva y no otra.

De manera similar, el carácter dramático y performativo de las coplas encuentra resonancia en la afirmación de Benítez Rojo (1996, 307) acerca de que lo caribeño funciona de manera carnavalesca. Como explica Forbes (2005, 11) esto significa que es un espacio cultural continuamente performativo. La representación carnavalesca es una ritualización de la identidad. De hecho, al leer estos poemas uno se imagina o visualiza el espacio de dramatización en el que se presentaron y ritualizaron. Se puede decir entonces, que las coplas encarnan la caribeñidad cuando son tipificadas por esta "representación carnavalesca". Además, el énfasis en sus experiencias, la intensidad de la literatura oral, concita la atención hacia los valores y la identidad colectiva y establece la conciencia cultural de la comunidad en consonancia con las sensibilidades caribeñas. Parece entonces que, si bien la idea ampliamente difundida de que los afromexicanos no se reconocen a sí mismos como negros puede tener sustancia, a través del proyecto de recopilación de los poemas de esta colección se demostró que han mantenido lazos comunales que revelan la transmisión de la palabra oral por generaciones. De hecho, la representación de manifestaciones orales promueve una definición interactiva del ser que los ha ayudado a establecer una identidad colectiva independiente. Además, las coplas remarcan que la memoria y la oralidad son medios para la recuperación comunitaria y para dar voz a quienes han sido silenciados en las definiciones de nación que, a pesar de su presencia, no los incluía (Feracho 2001, 36). Por otro lado, coplas revelan que ha habido un espacio comunitario donde se ha preservado una identidad afromexicana. Asimismo, parece razonable sugerir que las representaciones redefinen, o deberían redefinir, nuestra comprensión de la mexicanidad, dado que el marco cultural de referencias es, por momentos, claramente mexicano (como por ejemplo cuando una de las coplas se refiere a las chingadas). El término "chingadas" deriva del verbo chingar que es muy utilizado en algunos países hispanohablantes. En México, sin embargo, se lo utiliza de manera singular, tal como Octavio Paz (1997) lo elabora en su libro *El laberinto de la soledad*. Aquí, el término remite a la violación salvaje de las mujeres nativas por parte de los conquistadores españoles a su llegada a México. De acuerdo a la definición de Paz, estas mujeres fueron las primeras chingadas y como resultado de eso, hoy a los mexicanos comúnmente se los llama "los hijos de la chingada".

Los poemas orales de la primera mitad de la colección contrastan con los poemas líricos de un autor único de la segunda mitad de la colección, titulada *Poemas regionales*. Estos poemas líricos pertenecen a varios autores que se interrogan, exploran y expresan sus propias reacciones frente a la afromexicanidad. El título de esta sección, al igual que el contenido de los poemas, remarca la importancia de la región o el lugar para los autores en la construcción de la autocomprensión como mexicanos. Los poemas expresan una variedad de ideas, sentimientos, reacciones y contrastes a tono con la naturaleza amplia y significante de las coplas. Todos funcionan, no obstante, como textos que los autores, consciente o inconscientemente, usan como espacios de autoafirmación y autoconstrucción en la medida en que parecen hablar entre sí y trasmitir significados constituidos interactivamente.

El poema "Caminos" de Francisco J. Zárate Arango (1999, 51) constituye un tributo interesante a los caminos como metáfora de la propia existencia de los afromexicanos en el pasado, el presente y el futuro. Los caminos unen comunidades en un sentido literal: las comunidades afromexicanas se encuentran en asentamientos remotos a lo largo de Costa Chica y los caminos son, por lo tanto, importantes para conectar a los afrocostachiquenses con el mundo externo. Pero los caminos también hablan de los vínculos innegables entre comunidades afromexicanas remotas y las zonas más grandes y desarrolladas de México. Los pequeños conducen a otros más grandes y desarrollados que finalmente desembocan en Ciudad de México, Guadalajara y todas las otras partes de México que gozan de mayor reconocimiento. Es de esta manera que los caminos integran simbólicamente las comunidades afromexicanas a la compleja y gran red de caminos mexicanos y, por extensión, a la sociedad o nación mexicana:

> Caminos tiene la tierra
> que peinan su geografía,
> tienen caminos las ferias,
> caminos tiene la vida.
>
> Esos hilos que nos unen
> a negros, blancos e indios
> son como ríos que fluyen
> buscando el mismo destino.
> (Ibid.)

La voz poética afirma la heterogeneidad de la sociedad mexicana al poner énfasis en el hecho de que los caminos conducen a diferentes direcciones, suscitan diferentes experiencias y establecen contactos entre diversos grupos étnicos. Además, le permiten a la gente regresar a ciertos lugares. Esta reflexión sobre los caminos lleva a la voz poética, por un lado, a mencionar la historia de la creación de los palenques por sus antepasados cimarrones, como Nyanga Yanga, el gran líder rebelde negro del siglo XVII mencionado en la introducción de este libro. Por otro lado, refiere a que algunos negros ocuparon diferentes espacios no como víctimas ni esclavos, sino como personas libres:

> Como el camino que llega
> cruzando selvas y mares,
> llegó nuestra raza negra
> a poblar estos lugares.
>
> Raza indómita de bronce
> no todos venían cautivos,
> si Yanga lo dijo entonces
> tratan el mismo camino.
> (Ibid.)

Este es un intento de escribir la historia de la rebelión, omitida reiteradamente en el discurso mexicano oficial. La metáfora del camino pone énfasis en las contribuciones culturales de los afromexicanos e implícitamente señala la ausencia de progreso y desarrollo en la región, a medida que la voz poética evoca la necesidad de construir nuevos caminos. Estos son necesarios para que las comunidades dispersas de Costa Chica lleguen a un consenso para conservar intactas sus tradiciones culturales. Es interesante destacar que, además, se convoca a los miembros de la comunidad a que participen en la construcción de caminos para el progreso y la unidad interna:

Teniendo costumbres bellas
hemos forjado destinos
y para unir nuestros pueblos
nos hace falta caminos.

No importa dónde te encuentres
hermano negro te pido
para unir a nuestra gente,
construyamos más caminos.
(Ibid.)

Una vez más, la figura retórica funciona en un plano muy pragmático y también en uno simbólico y filosófico para resaltar la necesidad de promover la colaboración y la unidad entre los mexicanos en general y entre los mexicanos negros en particular.

Otros dos poemas de Zárate Arango (1999b, 1999c), "Canto a la costa mía" y "Radiografía costeña" junto a "Costa Chica mía" de Álvaro Carillo (1999) construyen la identidad afromexicana como específicamente anclada a la región de Costa Chica. El lugar es lo que constituye el hogar y la base de la vida y la cultura. En estos poemas la voz poética genera la impresión firme y duradera de la necesidad de que se reconozcan estos asentamientos negros.

En "Canto a la costa mía" de Zárate Arango (1999b, 52), la construcción del sujeto de identidad caribeña está ligada intrincadamente a la lealtad hacia la región costeña y se entiende en función de esta, de manera similar a como la costa y el mar han sido abordados por los poetas caribeños, como el afrocubano Cos Causse. La voz poética se define explícitamente a sí mismo o sí misma como costeño/a (habitante de la costa) y, a la luz de estos parámetros, se entienden todas las consideraciones acerca de la nación. La voz poética parece cuestionar la importancia de la nación mexicana en la construcción de la identidad y privilegia el carácter crucial de la región como el sitio de su construcción:

> Del palmar surgió una voz
> que a gritos me lo pedía
> que le cantara a mi tierra
> a la Costa Chica mía.
> (Ibid.)

La voz poética proyecta una visión panorámica de la zona al nombrar varios pueblos afromexicanos de Guerrero y sus respectivas características: la belleza natural, los festivales, las danzas, los hombres valientes y las hermosas mujeres negras. El uso de los términos "costeño" y "Costa Chica" establece claramente el sentido de región y expresa el sentimiento de orgullo y pertenencia a una identidad regional. Paralelamente, el poema parece exigir una reflexión acerca del concepto de Estado mexicano que excluye esta región en particular.

La voz poética lamenta el abandono de la región porque es un lugar de donde provienen algunas de las personas más valientes y hermosas de México: "La cuna de hombres valientes y de morenas bonitas" (ibid.). El poema también echa en falta que la belleza de la región y sus logros no se elogien:

> Nadie te cantó jamás
> y me parece horroroso,
> ni versos de Rubén Mora
> le dieron luz a tu rostro,
> por eso te canto yo
> Cuajinicuilapa hermoso.[1]

Si la leemos junto a otros poemas de Zárate Arango, esta afirmación relacionada a la región coincide con la intención de fijar el derecho de los afromexicanos a la tierra en un país que ha intentado borrarlos de la memoria nacional. La conexión de la voz poética con la tierra pone de relieve la importancia de la pertenencia como un tema del contexto caribeño poscolonial e ilustra la afirmación de Glissant (1992), según la cual en la literatura caribeña el paisaje es un personaje más, no un mero escenario. Este tema se analizó en el capítulo anterior, pero acá se amplía porque se aborda con mayor énfasis su relación con el contexto en el que se pueden ubicar los poemas.

El poema "Costa Chica mía" de Álvaro Carrillo (1999, 56–57) también es un poema asertivo que expresa de manera firme en qué medida el sentido de pertenencia se constituye a partir del lugar o la ubicación. Por medio de frases breves y enérgicas, la voz poética elogia la eterna e indomable naturaleza de la región que se mimetiza con los afromexicanos. La tierra se describe como una "morena cerrera", lo cual modifica el viejo tropo de la época de los conquistadores referido a la tierra como el cuerpo de una mujer:

> Morena cerrera de cuerpo cenceño
> y alma cimarrona,
> Costa Chica mía,
> deja que mi estro,
> tripulando en sueños,
> pase el rubicón
> de hablar tu poesía;
> tu poesía que es nube
> y es golpe roqueño,
> tristeza, jolgorio,
> paz y rebeldía;
> deja que lo diga porque soy
> costeño,
> porque yo la llevo,
> Costa Chica mía.
> (Ibid.)

La poesía es inherente a la tierra misma y por ello emerge casi orgánicamente de ella. El origen se reconoce como constitutivo del ser en la medida en que el/la emisor/a declara que lo lleva consigo. A medida que avanza, el poema resalta la importancia de la cultura, las danzas, las canciones y las luchas de la región:

> No, tú nunca mueres,
> porque estás brillante en los
> cascabeles de tus tradiciones,
> porque hasta el brebaje
> de tus aguardientes
> deja gotas bellas para mis
> canciones,
> para la chilena que es,
> entre tus sones,

el arpegio cumbre que bailan
los dioses,
aquí en el Olimpo de mis
pretensiones.
No, tú nunca mueres,
tu pueblo ha surgido de tus
peñascales, como águila brava,
como salta un rayo
partiendo las brumas nubes
fantasmales
que alzan cataclismos en el mes
de mayo.
Yo soy de este pueblo, ingenuo,
bravero, yo me rifo
todo cuando suelto un gallo y,
en los jaripeos,
yo soy el primero que le entra
a los jaleos, jineteando un toro,
montando un caballo,
arrastrando el vértigo
de una vaquilla,
en la serpentina de una
lechuguilla.
(Ibid.)

En el poema de Álvaro Carillo, la región de Costa Chica funciona como muestra de la fuerza, el orgullo y el triunfo de los negros. Además, en el poema se desafía la construcción monolítica de la identidad nacional mexicana al describirse el pueblo como "surgido de tus peñascales, como águila brava". El águila, que los aztecas representaban como el dios sol Huitzilopochtli, es un símbolo nacional importante y ha sido integrado al escudo mexicano. De esta manera, Álvaro Carrillo desafía fuertemente los mitos del nacionalismo mexicano al señalar la multietnicidad del país. La identidad en el poema está doblemente inscripta: en referencia a la nación y la región.

La idea de que la identidad afromexicana y la comprensión de la nación están moldeadas por la geografía y el lugar también se expresa en otro poema, "Radiografía costeña" de Zárate Arango (1999c, 74-77). Aquí, la voz poética ha sometido la región a una radiografía metafórica que expone la degeneración física, social y cultural que ha tenido lugar. La contaminación ambiental, la pérdida del interés en el legado cultural por parte de la generación más joven y, por consiguiente, la discontinuidad en la elaboración de algunas comidas, prácticas y costumbres tradicionales está amenazando y transformando el entorno regional de manera hostil:

> ¡Oh! Costa...
> has perdido la sonrisa cristalina
> y hoy me embarga una tristeza
> sofocante
> pues tus suelos
> ya semejan a mil ruinas.
>
> Y tus playas
> no son limpias como antaño
> pues reciben de tus ríos
> desperdicios
> que transporta de drenajes,
> de los caños.
>
> ¡Oh! Costa...
> ya no eres la risueña de aquel
> tiempo
> la que Álvaro Carrillo idolatraba
> y en su chilena
> te hiciera un monumento.
>
> Los cerros que aprietan tu
> cintura
> ya no lucen aquel verde
> esmeralda,
> tus pueblos van perdiendo su
> cultura,
> sus jorongos, sus trenzas, sus
> enaguas.
> Ya no existen sus fandangos
> regionales,
> sus bodas alegres de enramadas
> sus moles, arroz y sus tamales,
> sus carnes, barbacoa sepultada.

> Ya no están los abuelos que lo
> hacían,
> nuestros padres perdieron por
> completo
> las costumbres tan bonitas que
> tenían,
> ya no hay nada que heredar a
> nuestros nietos.
> ....
> Te mueres poco a poquito
> ¡Oh! Costa Chica mía
> te han robado tus colores
> tus fandangos, tus tradiciones,
> tus chilenas y tus sones.
> (Ibid.)

Claramente, la voz poética carece del optimismo observado en el poema de Carrillo. El énfasis en las características físicas de Costa Chica ilustra, una vez más, la necesidad de tomar posesión imaginariamente de la tierra natal, sin embargo es atenuado por la agobiante sensación de pérdida que se intensifica con la repetición anafórica. La estructura del poema vincula el deterioro físico de la tierra al olvido de las tradiciones. La insistencia en el hecho de que las playas y los ríos han sido infectados por las aguas residuales resalta la contaminación de la zona y señala el abandono del pueblo afrodescendiente. Sin embargo, a pesar de insistir en la pérdida de la cultura, el poema presenta la región como un espacio afromexicano singular.

El poema "El negro" de Joaquín Álvarez Añorve (1999, 59–60) es otro ejemplo relevante de cómo la colección desafía el discurso oficial acerca de la idea de nación en México, a la vez que anuncia una problemática caribeña conocida. Escrito en un dialecto afromexicano, el poema pone de manifiesto que la reconstrucción de la identidad nacional mexicana también conlleva el reconocimiento de la identidad etnolingüística de esta comunidad. El uso de esta variedad lingüística típica de los afromexicanos cuestiona el discurso oficial que niega las expresiones lingüísticas que no reflejan un modo particular:

> Soy negro chiriquí y cuando
> patitas de zanatilla
> pué nací en una cuadrilla

muy cerquita del tamale,
mi cuna jué una canajtilla
con varitas de cauyagüe.

Mi mama cuando nací
me llevó a San Nicolá,
pa' bujcá un padrino allá
que me juera a bautizá,
pa' que en la fiesta mercara
mucho aguardiente y mezcal.

De chiquito fui timbón
choco chimeco y chando
siempre andaba sin calzón
porque no tenía pa' cuando,
y cuando tenía cotón
ere rojo y pa'l juandango.
(Ibid.)

El afromexicano aparece en un espacio que se caracteriza por su diferencia, una diferencia lingüística, presentada desde la perspectiva de una voz poética afromexicana. Este uso del dialecto constituye un cimarronaje lingüístico y una afirmación de que, por un lado, los afromexicanos no han sido totalmente asimilados a la cultura dominante y, por otro, que la identidad mexicana y las problemáticas relacionadas con la nación requieren un compromiso con esta diferencia lingüística. La voz en primera persona, además, le confiere autenticidad a las afirmaciones vertidas en los versos.

El poema señala de manera categórica la pobreza en la que crecen los niños negros en México. La imagen impactante del lugar donde la voz poética nació – un canasto por cuna – la falta de ropa y la indigencia corroboran la afirmación que usualmente se hace acerca de las condiciones de vida de los negros. Por ejemplo, Alva Moore Stevenson sostiene que los afromexicanos siguen siendo en gran parte marginados y ocupan los escalones inferiores de la escala económica (n.d., 4).

El último poema que consideraré, "Negro y blanco" de Fidencio Escamilla (1999, 70), es extraordinario y cautivante. A través de su simpleza, este poema problematiza la cuestión de la raza y el discurso acerca de la idea de nación mexicana. La voz poética, niño/a aparentemente en estado de desconcierto, de repente ha perdido toda la inocencia acerca de las relaciones raciales y sufre por los estereotipos racistas y el desprecio hacia los negros en el país. La evidente simplicidad que expresa la voz infantil amplifica de manera irónica el sinsentido de la situación: el niño/a descubre que no puede relacionarse con los blancos que son presuntamente superiores:

> Mamita,
> mamita que vengo,
> que triste vengo del campo
> porque dijeron que un negro
> no se revuelve con los blancos.
>
> Que yo parecía un chamuco
> venido desde el infierno,
> que como yo, había muchos,
> que me pusieran los cuernos.
>
> Que a todos los niños blancos
> se los lleva Dios al cielo,
> y que a los negros, el diablo,
> se los lleva a los infiernos.
> (Ibid.)

El niño/a, inocente e impresionable, está dispuesto a aceptar la identidad degradante creada por los demás. El sufrimiento emocional y psicológico que el descubrimiento le provoca sugiere una realidad de adoctrinamiento y socialización que promueve la perpetuación de caricaturas estereotípicas de los negros en la sociedad en su conjunto. Esto lleva al autodesprecio, al deseo de ser blanco:

> Mamita
> quiero ser blanco,
> porque los blancos son buenos,
> que los negros apestamos
> y nos comparan con perros.
>
> Que no tenemos conciencia
> que los negros somos malos,
> mamita de mí ten clemencia
> ¡que quiero ser niño blanco!
> (Ibid.)

Por supuesto que la falacia tendenciosa que el discurso hegemónico despliega es algo que se le escapa al inocente niño/a, pero no deberían pasarse por alto que el poema denuncia las fallas y las debilidades materiales de un discurso que niega la existencia de los negros en México. Se cuestiona el discurso oficial acerca de la idea de nación porque, si hubiera una sola raza como este sostiene, no habría diferencias raciales y el niño/a no podría sufrir/no sufriría el rechazo. La autoafirmación se logra mediante una inocente estrategia subversiva encubierta que expone la desigualdad racial y, al mismo tiempo, cuestiona la afirmación según la cual no hay diversidad racial (o más bien, étnica). En otras palabras, "Negro y blanco" problematiza y cuestiona la proclamada síntesis de razas. Benítez-Rojo (1996, 26) ha denunciado la lógica sintetizadora que corresponde al concepto de mestizaje: el elogio del mestizaje, la solución del mestizaje, no es originaria de África ni de Indoamérica ni de ningún Pueblo del Mar. Se trata de un argumento positivista y logocéntrico, un argumento que ve en el blanqueamiento biológico, económico y cultural de la sociedad caribeña una serie de pasos sucesivos hacia el "progreso", y por lo tanto se refiere a la conquista, la esclavitud, la neocolonización y la dependencia. Si bien cabe aclarar que Benítez Rojo no se refería específicamente a México, también es importante destacar su demanda de una comprensión diferente del mestizaje que permita la coexistencia de las diferencias: dentro de las realidades de la relectura, el mestizaje no es más que una concentración de diferencias (ibid.).

"Salta pa'trás" es un poema de autoafirmación sarcástico y directo escrito por Zárate Arango (2012). Puede ser pensado como un repudio enérgico hacia actitudes de autodesprecio, como las que exhibe la voz poética materializada en el niño/a inocente del poema "Negro y blanco" analizado. Esta voz poética utiliza la expresión "salta pa'tras" que evoca una máxima caribeña muy conocida: "Si eres marrón, da un paso al costado / Si eres negro, da un paso atrás." Ambas expresiones indican firmemente que en muchas sociedades multirraciales se considera que los negros deben ocupar el final de la fila o el sector inferior en la escala social. La voz poética adulta, sin embargo, invierte la engañosa afirmación y el concepto de inferioridad negra al rechazar todas las representaciones estereotípicas de este grupo.

Asimismo, la voz poética articula el orgullo de la belleza y la majestuosidad de su piel negra para, incluso, insinuar que los demás envidian su color. Se observa un alto nivel de comprensión de la dinámica etnorracial del país a través de una serie de rechazos a los intentos de denigración sobre la base de su fenotipo y la aceptación firme e inequívoca de la identidad como persona negra. La voz poética socava el desprecio y el ridículo que a menudo se expresan hacia los negros, así como las insinuaciones de una correlación entre la condición de persona negra y una inteligencia inferior. Además rechaza la tendencia general a atribuir un mayor valor a la gente de ascendencia blanca. Sin perder la objetividad, el mensaje de autoestima se afianza en el tono grandilocuente y celebratorio:

> Ayer me gritaron negro
> con un tono despectivo
> pero bajo esta piel tengo
> un corazón que es tan lindo.
> Que ya quisieran tenerlo
> los blancos y anglosajones
> no me apena el color negro
> me enorgullecen sus dones.
>
> Porque me acepto cual soy
> me siento tan orgulloso
> bajo los rayos del sol
> mi cuerpo es maravilloso.
>
> ¿Con gritos . . . ? No me denigran
> ni con palabras hirientes
> yo sé que el ser más blanquitos
> no los hace inteligentes.
>
> Andamos de boca en boca
> por tener la piel oscura
> ignoran que nuestra ropa
> quita a mi piel su hermosura.
>
> ¿Que ayer me gritaron negro?
> no ha sido casualidad
> así como soy me acepto
> yo sí tengo identidad.
>
> Alguno que otro blanquito
> a mí se me quiere igualar
> lo blanco no quita lo indito

tampoco el salta pa'tras.
("Salta pa'trás")

En el poema "Yo soy mexicano", también de Zárate Arango (2012), se declara una posición inequívoca de autocreación y autodefinición inserta en un debate más amplio sobre identidad y nación. Tanto título como contenido trasmiten un sentido de nación y pertenencia no solo a México, sino también más allá de sus fronteras, a la región latinoamericana y estadounidense. La voz poética se apoya en el orgullo y la confianza individual que le permiten declarar que no hay lugar para desafíos ni refutaciones:

¡Yo soy mexicano!
Dueño de este continente
quizá soy navajo
pies negros o cheroqui
no soy desplazado
¡Soy americano!

Los dos poemas anteriores parecen sintetizar la postura que se viene proponiendo: los afromexicanos necesitan autoafirmarse y proclamar una identidad que desafíe toda forma de homogeneización y menosprecio. Conjuntamente, exponen un autorretrato que desmiente todas las representaciones que los demás hacen de los afromexicanos. Estas autorrepresentaciones, además, no dejan espacio para la ambigüedad acerca de la identidad de estos mexicanos negros en específico y parecen ser mucho más importantes que las que hace la narrativa mexicana más amplia sobre los negros en México.

Muchas de las características de estos poemas sitúan a los afromexicanos en un contexto caribeño poscolonial amplio y contribuyen a reconfigurar nuestra comprensión de la nación mexicana. Los poemas orales y escritos son, a la vez, similares y diferentes porque presentan a la comunidad afromexicana en dos puntos distintos de su existencia: un contexto popular oral y uno más formal y culto. Ambas construcciones de la identidad resaltan su caribeñidad porque corroboran que la identidad mexicana y la identidad cultural caribeña general no son estáticas ni pueden ser reducidas a un aspecto, experiencia, contexto o categoría fija. Es evidente que el concepto de mestizaje formulado por Vasconcelos (1925) construye una falsa identidad nacional a partir de declaraciones de homogeneidad.

La tradición oral de las coplas, su poética carnavalesca, la preocupación por atribuirse la región y la redefinición del sujeto y su identidad étnica destacan los modos en que la poesía afromexicana encarna la caribeñidad. Estos poemas, tanto orales como escritos, sirven como sitios de estabilidad y empoderamiento, en tanto revelan que los afromexicanos parecen establecer su identidad y diferencia cultural/geográfica. En efecto, los poemas están ubicados en un contexto que es innegablemente mexicano, en particular en referencia a los nombres de los lugares, Ometepec y Costa Chica, y en la referencia explícita al héroe mexicano Yanga en "Caminos". Las expresas afirmaciones de la condición de persona negra en "El negro" y el uso del dialecto afromexicano también son intentos deliberados de atribuir características afromexicanas distintivas en los poemas. De esta manera los poemas proyectan enérgicamente una construcción de identidad regional que desafía y extiende la nacional.

Finalmente, así como la caribeñidad en tanto identidad cultural está signada por la diversidad, la identidad mexicana se enriquece con los poemas afromexicanos líricos y orales. Sin duda, los gobiernos mexicanos deben modificar el discurso oficial de nación y reconocer que la cultura mexicana se enriquece con el aporte de los negros. Además, hay un imperativo por trascender la construcción limitada de la nación mexicana y establecer una caracterización que incluya un sector cuya contribución cultural y literaria es exclusiva. Esta puede ser enmarcada plenamente en la estética cultural y literaria caribeña, a la vez que es exclusiva de Costa Chica o México, producida en México por mexicanos. En momentos en que la globalización homogeneiza las culturas, es particularmente importante que todos los países reconozcan los elementos que contribuyen a su singularidad y peculiaridad a nivel local, nacional y global, es decir, tanto dentro como fuera del país.

Conclusión

The great sweep of world history that we call the African diaspora contains many important components. Foremost are the contributions to art and technology, religion and literature, music, science and material civilization in the Western world. [El gran movimiento de la historia mundial al que llamamos diáspora africana cuenta con muchos componentes importantes. En primer lugar, las contribuciones al arte y la tecnología, la religión y la literatura, la música, la ciencia y el progreso material en occidente.]
—Michael Conniff and Thomas Davis, *Africans in the Americas* [Los africanos en el continente americano]

Esta investigación tenía como objetivo central promover la globalización de lo local y la localización de lo global. Efectivamente, la producción literaria y cultural de un pequeño grupo de personas cuya presencia en México y en otros lugares continúa siendo controvertida en gran medida ha proporcionado una oportunidad sin igual para lograr dicho objetivo. Es necesario difundir los relatos folklóricos, las décimas, las coplas, los corridos y los poemas líricos entre el público global; las investigaciones y los análisis críticos sin duda contribuirán a alcanzar este objetivo. Los análisis dan a conocer una amplia gama de características de la sociedad afromexicana, entre ellas el legado cultural general, las tradiciones, los valores y las variadas maneras en que se expresan la identidad étnica y cultural y las subjetividades.

Esta muestra de un pequeño cuerpo de material cultural y literario se ha analizado a través de las lentes de los estudios culturales, los estudios de género, el feminismo y otras teorías académicas establecidas globalmente con el fin de evidenciar cómo esta producción que se conoce a una escala local muy pequeña se puede difundir y poner al alcance a nivel global. El principal marco de referencia teórica, la crítica poscolonial y los grandes abordajes posmodernistas relevantes a nivel global, ha permitido ver el papel que tuvo la tradición oral afromexicana en el establecimiento de conexiones e identidades interculturales ancladas en particularidades culturales y geográficas. Además, abona el objetivo de ubicar la producción cultural afromexicana en el marco de una estética caribeña más amplia y, en consecuencia, contribuye a expandir el concepto del Caribe como un espacio histórico y cultural extenso que incluye América Latina y América Central. A su vez, esta extensión del concepto del Caribe señala la centralidad de la producción cultural afromexicana en los asuntos globales.

Estos abordajes críticos con relevancia global también acentúan la medida en que la producción cultural se despliega como repositorio significativo de la memoria que ha evolucionado en consonancia con un sistema particular de creencias y con la convergencia entre la historia y el espacio. Este despliegue remite enfáticamente a la afirmación de Wilson Harris (1999, 239): la cultura popular está moldeada por la historia del sufrimiento de los esclavos y posteriores inmigrantes y por sus luchas para sobrevivir. A su vez, remite fuertemente a otra afirmación de Harris en referencia al limbo, pero aplicable a distintas cuestiones culturales: en el centro de la cultura como un todo yace el desplazamiento de los pueblos. La perspectiva cultural ofrecida por la danza requiere interrogar la narración del pasado y la nación (ibid.). Ciertamente, el estudio permite una comprensión más profunda de los pueblos de la diáspora, su legado cultural, su expresión literaria y el papel que tuvieron en posicionarse sí mismos en el marco de la nación y por encima de esta, tal como sostiene Kerstin Oloff (2009). Esta autora comparte la visión de Harris acerca de que el arte fundamentalmente "desplazado" es relacional por excelencia (es decir, antiesencialista y consciente de dónde se sitúa en el orden global) y, a la vez, está anclado en la cultura local.

Entre los diversos hallazgos que se hicieron en estos análisis se encuentra la respuesta inequívoca de los afromexicanos a las cuestiones de raza/etnicidad e incluso al propio racismo. Ciertamente, las producciones culturales y literarias son testimonio de la comprensión inherente acerca del ser, la identidad y el espacio, cuestiones que no son fácilmente consideradas ni anticipadas por quienes somos ajenos a los espacios afromexicanos. Mediante versos y relatos que sugieren la existencia de un grupo étnico y cultural particular somos testigos del rechazo inequívoco a la opinión generalizada acerca de que los afromexicanos carecen de conciencia del ser y de sí mismos como descendientes africanos. Esta postura es la que González (2010, 2) sostiene con firmeza: Si bien los africanos y sus descendientes han vivido en México durante siglos, muchos afromexicanos no se consideran a sí mismos negros ni africanos. En cambio, los miembros de este grupo étnico se integran al imaginario nacional de México, un país mestizo. Sin embargo, las narrativas folklóricas, los poemas líricos, las representaciones de los corridos y el poderoso uso del lenguaje subversivo sugieren otra cosa. Este es un hecho que la propia González (2010, 2) reconoce y, por lo tanto, a pesar de sus generalizaciones, declara de manera contundente que los descendientes africanos en el continente americano generalmente mantienen un cuerpo de prácticas representativas independiente que confirma su presencia. Efectivamente, las identidades establecidas en algunas manifestaciones culturales como los corridos se construyen en la postura corporal, el uso del lenguaje, las imágenes, las pinturas, es decir, en la representación general. Incluso en valientes declaraciones relativas al sentido de comunidad, la autodefinición, la confianza en sí mismos y las conexiones con una historia y una comunidad particular, una conciencia política e ideológica. El padre Glyn refuerza el reconocimiento de la autoconciencia al afirmar expresamente:

> Dos cualidades me han impresionado profundamente. En primer lugar, la aparente y muy comentada indiferencia que expresan hacia la "raza" y el "racismo contra ellos" esconde un sentimiento más profundo de dolor e injusticia que llevan bajo la piel. Asimismo, cuando se les da la oportunidad, están preparados para abordar la situación. En segundo lugar, hay un sentido de lo familiar, de pertenencia a una comunidad más grande que nombran y celebran constantemente. El término "pariente" es bastante común como forma de saludo. (Entrevista personal, julio 2013)

Es innegable que los afromexicanos constituyen un pueblo que se mantiene unido a partir de diversos vínculos que los vuelven un grupo cohesivo, tal como expresa la producción cultural y literaria de las pequeñas comunidades de Costa Chica. Quizás sean estos vínculos los que les permiten producir poemas líricos y renarrar relatos folklóricos, coplas y corridos que funcionan como evidencia de una presencia negra/diaspórica distintiva. Todas las formas de producción revelan un grupo cohesivo que mantiene relaciones de amistad y compadrazgo, que pertenece a una región y a un paisaje y que tiene una relación particular con esta tierra. Esta investigación, sin duda, también estableció que existe una comunidad afromexicana unida por la comprensión de sí misma, el compromiso con la tierra y la región y el fuerte sentido de amistad. No son un azaroso puñado de personas sin orientación, sino que están comprometidas con crear identidades autorreferenciales y afirmar la conciencia negra. Irónicamente, aunque no haya sido creado por un afromexicano, el personaje de historieta favorito en México, Memín Pinguín, socava las afirmaciones de homogeneidad de México. Memín es la caricatura de una persona de ascendencia africana que suele ser denigrada conforme a profundos prejuicios étnicos y raciales, aunque se afirme que tiene un atractivo cómico inocente. Lo más importante que revela es la dificultad de afirmar o pretender un México sin negros. Por lo tanto, Memín se convierte en un significativo indicador de la necesidad de una descolonización cultural y un rechazo al legado de ideas coloniales en relación a la raza.

El análisis crítico de cuestiones de género y las representaciones de las relaciones entre mujeres y hombres revela que la sociedad afrohispana es inherentemente sexista, dadas la dominancia masculina en estas y el modo ambivalente en el que se negocian identidades femeninas y masculinas. Esto sugiere que en algún punto existe la necesidad de comprender cómo la desigualdad afecta a ambos géneros y que, por lo tanto, las mujeres afromexicanas marginadas también deberían ser proyectadas como personas con agencia de reivindicación y subjetividad. Pero las manifestaciones culturales populares no se han hecho eco de esta necesidad. Esto implica que la negociación de identidades afromexicanas en general es compleja. Al mismo tiempo, la representación de algunas identidades de género hegemónicas parece necesaria, en particular, en los corridos en los que los hombres emplean lenguaje violento, violencia e incluso ingenio para "recuperar el ego" al ridiculizar y menospreciar al otro dominante que siempre es considerado una amenaza ominosa. Quizás lo más sorprendente sea el descubrimiento o la revelación de en qué medida los discursos de nación, género y raza se entrecruzan. Esto evidencia hasta dónde las problemáticas que afectan a los afromexicanos están influenciadas por posturas de poder hegemónicas.

La investigación fue una oportunidad para cuestionar el concepto de mestizaje en México, revelar la diversidad cultural y quebrar la idea hegemónica de una sociedad monolítica. En efecto, la mirada del mundo de los afromexicanos y la conciencia de sí mismos y de la historia que surge en estas producciones culturales y literarias implican un cambio en las identidades, la autodefinición y el camino hacia el rechazo de la percepción de sí mismos como gente corriente. El padre Glyn describe la transformación que notó treinta años después de que le dijeran que "un negro no puede ser sacerdote, somos gente corriente, somos para el machetero" (Entrevista personal, julio 2013). En la actualidad afirman "Somos negros", como lo han hecho en los trabajos preservados durante años y en los nuevos poemas que ahora escriben. Efectivamente, es posible que la comprensión que tienen de su condición de personas negras no se conecte con ningún proyecto organizado más amplio relacionado a los negros o la generación de conciencia, sino más bien, con una conciencia inherente que obviamente está aumentando. El padre Glyn comenta acerca de esta clara indicación de que la percepción que los afromexicanos tienen de su propia identidad está cambiando, mientras reflexiona sobre los años que vivió y trabajó con ellos: "Para mí, lo mejor de eso fue ver que las personas que antes habían sido indiferentes, aunque sin rechazar abiertamente su condición de persona negra ni tratar de escaparle, lentamente tomaron las riendas de sí mismos y usaron la frase "Somos negros" con algún sentido de posesión" (ibid.). No se puede ignorar la contribución del padre Glyn en generar conciencia entre la gente de Costa Chica acerca de sí mismos. No obstante, queda todavía mucho por hacer para lograr que muchas personas acepten esta comprensión de sí mismas. Esto se evidencia en el trabajo que realiza un pequeño grupo que, siguiendo las enseñanzas de toma de conciencia en los talleres del padre Glyn, ahora comprende su identidad como pueblo de legado africano. Este grupo que se puso el nombre "México Negro" celebró su 15° simposio en noviembre de 2014. Cuando se formó en 1997, sus miembros reconocieron abiertamente y en reiteradas ocasiones que el padre Glyn con su trabajo había sembrado en ellos las semillas del conocimiento del legado afromexicano y los había ayudado a comprenderse a sí mismos como grupo étnico distintivo en México. El principal objetivo de este grupo es obtener un reconocimiento constitucional y un compromiso del gobierno federal de México para la construcción de buenas rutas, la creación de un buen sistema de educación y servicios sociales en la región. Más de veinte años después, los primeros investigadores que trabajaron en la región escribieron acerca de la pobreza abyecta, las condiciones de abandono y la miseria desastrosa en las que la gente vivía; muchas de estas condiciones subsisten en el siglo XXI en un país que tiene recursos considerables.

México Negro se ocupa, además, de la preservación de las manifestaciones culturales derivadas de la tradición africana y la eliminación de todo tipo de discriminación contra los mexicanos negros en todas las zonas de México. Este grupo organiza conferencias anuales destinadas específicamente a educar a los afromexicano acerca del legado racial e histórico, sus derechos civiles y la importancia de redefinirse como personas que conforman la sociedad mexicana. Quizás el mayor desafío para el gobierno es la inclusión de los afromexicanos en el censo nacional para que haya cifras oficiales de la cantidad de personas negras en el país.

El actual presidente de la organización, Sergio Peñaloza, ha expresado su visión de un México en el que la invisibilización social y gubernamental de los negros no existe. Además explica lo difícil que es para muchos afromexicanos definirse como negros, dado que durante siglos les han dicho que son mestizos y les han enseñado estereotipos racistas sobre los negros que les han generado sentimientos de ignominia y humillación (Entrevista personal, noviembre de 2014). La agrupación México Negro está comprometida con continuar las luchas del cura trinitense que fue a trabajar para ellos y con ellos en la década de 1980 y los ayudó a comprenderse como pueblo negro vinculado a una historia y un legado cultural más amplio.

La globalización de los asuntos relacionados a los afromexicanos será y deberá ser el resultado de acciones dentro del propio México y no solo de proyectos académicos o trabajos bien intencionados de personas ajenas a la comunidad. Es importante señalar que recién en junio de 2013 la legislatura de Oaxaca se mostró dispuesta a reconocer la presencia del pueblo afromexicano en el estado:

> La legislatura del estado de Oaxaca modificó la constitución para otorgarle derechos económicos, culturales, sociales y políticos a su población afrodescendiente. Debates similares se están llevando a cabo en Guerrero, un estado vecino, así como a nivel federal. Lo que subyace a esto, es que hay un movimiento en marcha hacia una mayor conciencia del racismo arraigado en la sociedad mexicana que afecta a los afromexicanos. No hay, sin embargo, signos claros de que este movimiento esté encontrando apoyo entre los mestizos y los grupos indígenas. Esto puede reflejar la incapacidad del sector afromexicano de trasladar su lucha a otros ámbitos de la sociedad y el estatus marginal que la sociedad (fuera del sector académico) le da a los problemas que afectan a esta minoría en México. Dentro de la población, al menos en la costa del Pacífico, hay una creciente aceptación de la validez de la lucha.

La enorme tarea que hay por delante es que los afromexicanos se movilicen para lograr la consolidación de su movimiento y para la lucha por la implementación de las promesas de los cambios políticos recientes. Cuando la legislatura del estado, hace unas semanas, hizo la declaración, recibí cinco o seis mensajes de correo electrónico que celebraban la decisión y decían acertadamente: "Padre, valía la pena." (Entrevista personal al padre Glyn Jemmott Nelson, 19 de julio de 2013)

En el año 2014, la legislatura del estado de Guerrero siguió el ejemplo de Oaxaca y declaró oficialmente que la constitución reconocía a los negros como un grupo étnico del estado. Este cambio de actitud de los funcionarios de Oaxaca y Guerrero es un logro importante, particularmente para las personas que han trabajado para corregir las ideas equivocadas acerca de la identidad y la presencia afromexicana.

Pese a este avance a nivel local, la necesidad de poner fin a la invisibilidad de los afromexicanos no es menos urgente. En una publicación realizada el 16 de agosto de 2013 la agencia de noticias Associated Press exponía la ignorancia crónica que todavía existe acerca de la composición racial/étnica de México, incluso entre quienes se interesan por la equidad social y racial. La publicación criticaba el lenguaje discriminatorio empleado en un anuncio que hacía una agencia de publicidad de la empresa Aeroméxico, en el que se especificaba que no querían a "nadie de piel oscura" (Gómez Licon 2013).

Irónicamente, Adriana Gómez Licon (2013) condena el lenguaje inapropiado, pero al mismo tiempo revela su propia aceptación del *mestizaje* y la exclusión de la "verdadera gente de piel oscura" en México. Se formula la generalización errónea y burda según la cual la población de México es "en gran medida de piel oscura". Naturalmente, la población de este país incluye un rango de matices de piel y "la piel oscura" no es, de ninguna manera, mayoritaria. La autora, además, sostiene que "los indígenas han sufrido una discriminación racial persistente desde la conquista española" y cita una encuesta en la que el noventa y tres por ciento de los encuestados dijo que creía que la discriminación contra los indígenas existía (Gómez Licon, 2013). Es lamentable que no se mencione a los negros o afromexicanos ni su condición de marginalización, pobreza e invisibilidad en México. Este artículo del año 2013 refuerza su total exclusión de las conversaciones acerca del legado racial mexicano y continúa fomentando la visión de que solo los indígenas son víctimas de la discriminación en México.

De hecho, resta por hacer mucho más trabajo de recopilación, preservación, publicación y rescate de la oscuridad de la producción cultural y literaria de los afromexicanos. El Consejo Nacional para la Cultura y las Artes, el Instituto Guerrerense de la Cultura y la Dirección General de Culturas Populares han hecho la tarea denodada de reunir y registrar muchas de las narrativas orales y los poemas líricos que se estudiaron en este proyecto. No obstante, hace falta hacer mucho más en México para garantizar que estos permanezcan en la memoria colectiva. Este libro de ninguna manera ha agotado todo los aspectos del material literario que los afromexicanos han producido y, por lo tanto, la continuidad del estudio es necesaria.

Los cambios innegablemente necesarios que habrá que asumir en relación con esta comunidad continuarán tanto a nivel local como global. Los intentos de autocreación de los afromexicanos y el establecimiento de identidades posicionales seguirán en consonancia con los testimonios que realizan para promover la autoconciencia dentro y fuera de México y con un afán de dejar en claro cuáles han sido sus innegables contribuciones a la nación y al multiculturalismo que caracteriza el legado mexicano.

Figura 13. Muchacha afromexicana (cortesía de María Elisa Velázquez, presidente del Comité Científico "Ruta del Esclavo" UNESCO)

Figura 14. Mujer de El Ciruelo (P.A. Ramsay)

Figura 15. Policía en el pueblo de Santo Domingo (P.A. Ramsay)

Figure 16. Habitante de El Ciruelo (P.A. Ramsay)

Figura 17. Muchacha de El Ciruelo (P.A. Ramsay)

Figura 18. Muchacha de Santo Domingo (P.A. Ramsay)

Figura 19–20. Mujeres en el ciruelo (P.A. Ramsay)

Figura 21. Mujer afromexicana en Punta Maldonado vendiendo el típico champurrado de Costa Chica (hecho con maíz y cacao) (P.A. Ramsay)

Figura 22. Policía en Santo Domingo (P.A. Ramsay)

Figura 23. Niño afromexicano en El Ciruelo (cortesía del padre Glyn Jemmott Nelson)

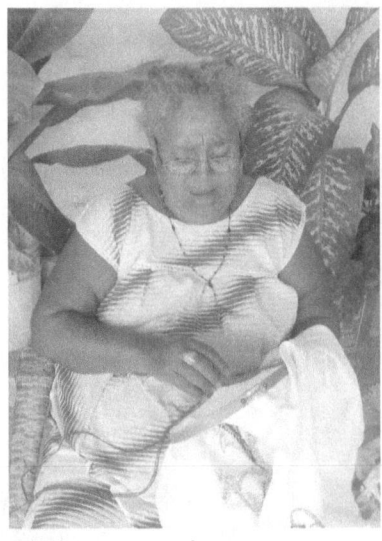

Figura 24. Mujer afromexicana enseñando a hacer artesanía tradicional (cortesía del padre Glyn Jemmott Nelson)

Figura 25. Personas en un taller en Lagunillas (cortesía del padre Glyn Jemmott Nelson)

Figura 26. Petitorio hecho por México Negro para que los mexicanos negros sean considerados un grupo étnico diferenciado en el censo del año 2010

Figura 27. Entrada al pueblo de El Ciruelo (P.A. Ramsay)

Figura 28. Entrada a al pueblo de Santo Domingo Armenta (P.A. Ramsay)

Figuras 29–32. Escenas de Cuajinicuilapa, estado de Guerrero (P.A. Ramsay)

Figura 33. Actual presidente de México Negro, Sergio Peñalosa

Figura 34. Padre Glyn Jemmott Nelson con Paulette Ramsay

Figuras 35–36. Casas tradicionales de Tapextla (P.A. Ramsay)

Figura 37. Vendedora en Cuajinicuilapa (P.A. Ramsay)

Figura 38. Cartel exhibido en el XI Encuentro de pueblos (P.A. Ramsay)

Figura 39. Mujer en una calle de Lagunillas (cortesía del padre Glyn Jemmott Nelson)

Figura 40. Mujeres en un taller (P.A. Ramsay)

Figura 41. Pequeña biblioteca con información del legado de los afromexicanos ubicada en El Ciruelo (P.A. Ramsay)

Notas

Introducción

1. Los ladinos eran africanos que hablaban español y vivían en la Península Ibérica; en el siglo XVI había más de cincuenta mil ladinos en España.
2. La encomienda era un sistema de trabajo tributario desarrollado para asegurar una provisión de mano de obra barata. Se la usó por primera vez con los moros conquistados y luego trasladados a Latinoamérica. Este sistema empezó con el tercer viaje de Colón a La Española. Ver la edición revisada y aumentada de *The Encomienda in New Spain* (Simpson 1966).
3. Los africanos de más edad que conocían la cultura española y la lengua castellana (como los moros en España) también se llamaban ladinos.
4. A los africanos nuevos se les dio el nombre más peyorativo de "bozales" porque se los percibía como "semi-salvajes".
5. El Tratado de Tordesillas (1494) fue firmado entre España y Portugal; se fijaba una línea de demarcación a partir de la cual estas potencias se repartirían las tierras exploradas por Colón. Las tierras ubicadas al este de la línea, les corresponderían a España y las ubicadas al oeste a Portugal.
6. Los reyes del Congo colaboraban con los esclavistas de la isla de Santo Tomé para abastecer a los traficantes europeos, pero dado que no podían satisfacer las demandas, desarrollaron alianzas con algunos jefes tribales.
7. Se puede encontrar más información en Love (1967, 93), "La resistencia negra al dominio español en el México colonial". Yanga es otro héroe y figura negra destacada de la historia de México. Conocido durante el período de la esclavitud en México, Yanga sentó un precedente: creó el primer pueblo libre del continente americano o, como algunos dicen, el primer territorio libre en suelo americano. Era un africano de linaje real y noble: "pertenecía a la tribu de los Yang-bara, del Alto Nilo. . . de sangre real" (Herrera Casasús 1991, 87), cultivado en la tradición mahometana.

8. El indigenismo en Latinoamérica es una ideología política que privilegia a las poblaciones indígenas y las distingue de los grupos no indígenas de manera favorable. En México las políticas/ideologías ponen énfasis en la importancia del legado nativo del país aunque estas políticas fueron establecidas para mejorar el estado de las poblaciones indígenas. Ver *Oxford Encyclopedia of Mesoamerican Cultures* (Carrasco 2001) para más información.

Capítulo 1

1. Juan Ángel Serrano, un mexicano negro que cría animales afirma: Los otros mexicanos simplemente no nos ven. La gente nos pregunta de dónde somos. Dice que no podemos ser de México (citado por Clarence Page [2005] en "The *Memín Penguín* Controversy" [La polémica sobre *Memín Penguín*]). También consultar *México profundo: una civilización negada* de Guillermo Bonfil *Batalla* (1987).
2. Término tomado de Norman Whitten Jr. (1981, 45–94), "El Mestizaje: An All Inclusive Ideology of Exclusions" (El mestizaje: una ideología inclusiva de exclusión).
3. Para más información sobre esta reacción a la serie, ver el artículo de Marco Katz (2007) "Tiras, timbres y estereotipos: el negro Memín Pinguín y la manipulación de la cultura popular con representaciones étnicas".
4. A finales del período colonial en México, las personas de ascendencia indígena o africana podían comprar el título de blanco. Ese fue el caso de José María Morelos y Pavón, general en la Guerra de la Independencia, que tuvo un papel importante en la independencia mexicana de España. Para saber más de este tema, ver Muhammad (1995).
5. Vicente Guerrero, también conocido como "el defensor de los pobres" y "el negro guerrero", fue el segundo presidente de México y el primero de ascendencia africana. Junto a Morelos y otros negros reconocidos no solo luchó para la liberación mexicana de España, sino también por el fin de la esclavitud y la segregación étnica (Muhammad 1995, 168).

Capítulo 2

1. Para saber más de la estructura ideológica de los relatos folklóricos, ver Díaz Pérez (1993). Ver, además, la clara discusión teórica de Yuval-Davis (1997, 70–79) sobre la intersección entre género y nación.
2. Baugh se inspira en la elaboración que Simone de Beauvoir hace en *El segundo sexo* (2010, 6) de la tesis sartreana en relación a que el hombre insiste en establecerse como sujeto y a la mujer como lo Otro.

Capítulo 3

1. Fanon (1970, 7–8) es considerado el autor de la tesis según la cual los hombres negros han sido emasculados por el proceso de colonialismo.
2. Ver los argumentos muy críticos con los que Connell (1995, 70–71) cuestiona sistemáticamente cada una de las cuatro categorías por su fragilidad e inconsistencias. Las categorías son:
    i. esencialista, se nutre de las teorías de Freud acerca del contraste entre masculinidad y femineidad centrado en ciertos rasgos que se atribuían a los hombres (agresivo y arriesgado);
    ii. definiciones positivistas formuladas sobre "lo que los hombres son realmente" (p. 69);
    iii. definiciones normativas formuladas sobre la base del argumento que existe una "norma" o estándar de lo que los hombres deberían ser; y
    iv. enfoques semióticos que definen la masculinidad "mediante un sistema de diferencias simbólicas en el que se contrastan los lugares de la masculinidad y la femineidad" (p. 70).
3. Ver también Herrera-Sobek (1990) que examina el arquetipo de la mujer soldado y las mujeres en la Revolución mexicana. Los análisis se formulan con base en cómo el concepto de soldadera, que en realidad no se conceptualizaba como la mujer que participaba en batallas reales, existía en las estructuras religiosas y en la mente de los miembros de la nación azteca.
4. "Tomás Marín"

    Les voy a cantar un corrido
    señores, perdonaran,
    este corrido es compuesto
    del pueblo de San Nicolás.

    El pueblo de San Nicolás y
    ya se está poniendo el plan,
    allí pagaban dos mil pesos
    que agarraran a Tomás.

    Ese caso estuvo serio
    por la fiesta de un rosario,
    el andaba muy confiado
    porque andaba en los rezados.

    Así es que ya estaba preso
    luego mandaron a ver,
    que ya Tomás estaba preso
    que lo fueran a traer.

Allí los ricos de Tapextla
ya les prestaban dinero,
que lo lleven a Tomás
para el estado de Guerrero.

Tapextla lo sacaron
pa'l pueblo de San Nicolás,
porque llegando a la raya
allí lo iban a matar.

Cuando le estaban tirando
el sargento se sonrió,
ya todos ya le tiraron
cuantas penas se recibió.

El se sacó la pistola
y un tiro le disparó,
le tiró a la mera frente
comoquiera no le dio.

Allí dieron la media vuelta,
todititos la risada:
"Ahora si, Tomás Marín,
ya te cargó la fregada."

Asi que ya se habían ido
Tomasito hasta se rio:
"Mama, no se ha de espantar
todavía estoy vivo yo."

Ese Pipino Noyola
llego hasta San Nicolás
"Ahora que Tomás murió
¿que si hacemos un fandango?"

Dijo Alfredo Fuentes
pero con una apureza:
"Si Tomás ya se murió
dispararemos cerveza."

ando le llega una carta
que Tomás no estaba muerto,
que Tomás no estaba muerto,
lo que estaba solo herido.

Allí dijo Alfredo Fuentes:
"Que se termine este baile,
si Tomás no se murió
que si lo barre con el."

Allí dice Tomás Marín:
"Traigo la sangre caliente,
la muerte de mi papa
me la paga Alfredo Fuentes."

Ya me voy a despedir
—señores, perdonaran,
aquí termina el corrido
de Alfredo Fuentes y Tomás.

5. El culto a la Virgen de Guadalupe inició en un clima general de desconfianza hacia la religión y heterogeneidad y sincretismo religioso. El período inicial de la colonización, con sus grupos étnicos diversos, inevitablemente produjo un encuentro explosivo de creencias religiosas. El intenso fervor misionero de los españoles por evangelizar a los indígenas y a otros *no creyentes* generó un movimiento de creencias subterráneo que se degradó y dio lugar a un conjunto desarticulado de profetas fanáticos, visionarios y otros líderes religiosos orientados al culto que trataron de liberar a las masas de la hegemonía política criolla y de los españoles. Sin duda tanto la inestabilidad política como religiosa de la época contribuyeron a nutrir a la Virgen de Guadalupe (Herrera 37).

Capítulo 4

1. Para ampliar el tema, ver Muhammad (1995) y también Díaz Pérez (1992).
2. Para mayor información de mi análisis de *corridos* y relatos folclóricos afromexicanos, ver Ramsay (2003, 2001).
3. Hidalgo fue un cura afromexicano que, tras la rebelión de los negros en Veracruz, hizo los primeros intentos de defender la causa de los afromexicanos por la igualdad social, económica y política. Denunció las leyes de castas y pidió la abolición de la esclavitud. Fue asesinado en 1813, pero su muerte fue recibida con apatía por la clase dominante (Vincent 1994, 259). Ver también Carroll (2001, 152–53).

Capítulo 5

1. Cuajinicuilapa es un municipio de Costa Chica, en el estado de Guerrero, México. Las mayores concentraciones de afromexicanos se encuentran en las localidades remotas de esta zona.

Referencias

Aguirre Beltrán, Gonzalo. 1946. *La población negra de México 1519–1810*. México: Ediciones Fuente Cultural.

———. 1972. *La población negra de México: etudio etnohistórico*. México: Fondo de Cultura Económica.

Álvarez Añorve, Joaquín. 1999. "El negro". En *Alma cimarrona: versos costeños y poesía regional*, editado por Angustia Torres Díaz e Israel Reyes Larrea, 59–60. Oaxaca, México: Dirección General de Culturas Populares.

Andrade Aguirre, David. 1999. Introducción. En *Palenque: Décimas*, por Luz Argentina Chiriboga. Quito, Ecuador: Editorial Instituto Andino de Artes Populares.

Andrews, George. 2004. *Afro-Latin America, 1800–2000*. Oxford: Oxford University Press.

Apodaca, Manuel. 2008. "The Dance of the Devils of the Costa Chica: Afro-Mexican Performance of Identity and Resistance". *Publication of the Afro-Latin/American Research Association (PALARA)* 12 (Fall): 51–70.

Aramoni, Aniceto. 1965. *Psicoanálisis de la dinámica de un pueblo*. México, DF: Universidad Nacional Autónoma de México.

Archibold, Randall. 2014. "Negro? Prieto? Moreno? A Question of Identity for Black Mexicans". *New York Times*, 26 de octubre.

Ashcroft, Bill, Garth Griffiths, y Helen Tiffin. 2005. "Feminism". En *The Post-Colonial Studies Reader*, editado por Bill Ashcroft, Garth Griffiths y Helen Tiffin, 233–34. London: Routledge.

Bakhtin, Mikhail. 1981. *The Dialogic Imagination: Four Essays*. Traducido por Michael Holquist; editado por Carl Emerson. Austin: University of Texas Press.

Barthes, Roland. 1964. *Elements of Semiology*. Traducido por Annette Lavers y Colin Smith, 1968. New York: Hill and Wang.

Bartolomé, Miguel Alberto. 1997. *Gente de costumbre y gente de razón: las identidades étnicas de México*. México, DF: Siglo Veintiuno.

Baugh, Edward. 1991. "Lorna Goodison in the Context of Feminist Criticism". *Journal of West Indian Literature* 4 (1): 1–13.

Beckles, Hilary. 2004. "Black Masculinity in Caribbean Slavery". En *Interrogating Caribbean Masculinities: Theoretical and Empirical Analysis,* editado por Rhoda Reddock, 225–43. Kingston: University of the West Indies Press.

———. 1999. *Centering Women: Gender Discourses in Caribbean Slave Society*. Kingston: Ian Randle.

Benítez-Rojo, Antonio. 1996. *The Repeating Island: The Caribbean and the Postmodern Perspective*. Traducido por James Maraniss. 2nd ed. Durham, NC: Duke University Press.

Bennett, Herman L. 2005. *Africans in Colonial Mexico*. Bloomington: Indiana University Press.

Bhabha, Homi. 2012. *The Location of Culture*. London: Routledge.

———. 1994. *The Process of Creating Culture from the Interstitial, Hybrid Perspective*. http://rowenasworld.org/essays/newphil/bhabha.htm.

"Blanca Flor". 1993. En *Jamás fandango al cielo: narrativa afromestiza,* editado por María Cristina Díaz Pérez, Francisca Aparicio Prudente y Adela García Casarrubias, 75–85. San Ángel, México: Dirección General de Culturas Populares.

Bonfil Batalla, Guillermo. 1987. *México profundo: una civilización negada*. México, DF: Random House Mondadori.

Brand, Dionne. 1998. *No Language Is Neutral*. Toronto: McClelland and Stewart.

Carrasco, David, ed. 2001. *Oxford Encyclopedia of Mesoamerican Cultures: The Civilizations of Mexico and Central America*. New York: Oxford University Press.

Carrilo, Alvaro. 1999. "Costa Chica mía". En *Alma cimarrona: versos costeños y poesía regional,* editado por Angustia Torres Díaz e Israel Reyes Larrea, 56–57. Oaxaca, México: Dirección General de Culturas Populares.

Carroll, Patrick. 2001. *Blacks in Colonial Veracruz: Race, Ethnicity, and Regional Development*. Austin: University of Texas Press.

CERD (Committee for the Elimination of Racial Discrimination). 1965. "International Convention on the Elimination of All Forms of Racial Discrimination". http://www.ohchr.org/EN/ProfessionalInterest/Pages/CERD.aspx.

Chiriboga, Luz Argentina. 2001. *Coplas esmeraldeñas*. Esmeraldas, Ecuador: L.A. Chiriboga.

Connell, R.W. 1995. *Masculinities*. 2nd ed. Berkeley: University of California Press.

Connif, Michael, y Thomas Davis. 1994. *Africans in the Americas: A History of the Black Diaspora*. New York: St Martin's.

Dash, Michael. 1998. *The Other America: Caribbean Literature in the New World Context*. Charlottesville: University Press of Virginia.

Davidson, David. 1973. "Negro Slave Control and Resistance in Colonial Mexico, 1519–1650". En *Maroon Societies: Rebel Slave Communities in the Americas,* editado por Richard Price, 84–104. New York: Anchor.

De Beauvoir, Simone. 2010. *The Second Sex*. New York: Vintage.
Díaz Pérez, María Cristina. 1993. Introducción. En *Jamás fandango al cielo: narrativa afromestiza*, editado por María Cristina Díaz Pérez, Francisca Aparicio Prudente y Adela García Casarrubias, 19–26. San Ángel, México: Dirección General de Culturas Populares.
———. 1992. Introducción. En *Cállate, burrita prieta: poética afromestiza*, editado por Francisca Aparicio Prudente, Adela García Casarrubias y María Cristina Díaz Pérez, ix–xii. Chilpancingo, México: Dirección General de Culturas Populares.
Díaz Pérez, María Cristina, Francisca Aparicio Prudente y Adela García Casarrubias, eds. 1993. *Jamás fandango al cielo: narrativa afromestiza*. San Ángel, México: Dirección General de Culturas Populares.
Dietrich, Elise. 2010. "Ziraldo's *A turma do Pererê*: Representation of Race in a Brazilian Children's Comic". *Afro-Hispanic Review* 29: 143–60.
Domínguez, Melquíades. 1990. "Yoatzin". En *Jamás fandango al cielo: narrativa afromestiza*, editado por María Cristina Díaz Pérez, Francisca Aparicio Prudente y Adela García Casarrubias. 1993. San Ángel, México: Dirección General de Culturas Populares.
Eckert, Penelope, y Sally McConnell-Ginel. 2007. *Language and Gender*. Cambridge: Cambridge University Press.
Edwards, Tim. 2006. *Cultures of Masculinity*. London: Routledge.
"El caballito de virtud". 1993. En *Jamás fandango al cielo: narrativa afromestiza*, editado por María Cristina Díaz Pérez, Francisca Aparicio Prudente y Adela García Casarrubiasm, 98–108. San Ángel, México: Dirección General de Culturas Populares.
Escamilla, Fidencio. 1999. "Negro y blanco". En *Alma cimarrona: versos costeños y poesía regional*, editado por Angustia Torres Díaz e Israel Reyes Larrea, 70. Oaxaca, México: Dirección General de Culturas Populares.
Fairclough, Norman. 2013. *Language and Power*. London: Routledge.
Fanon, Frantz. 1970. *Black Skin, White Masks*. London: Paladin.
Feracho, Lesley. 2001. "Women's Diasporic Dialogues: Redefining Afro-Caribbean and Afro-Latin American Identity in Rojas' *El columpio de Rey Spencer* and Chiriboga's *Jonatás y Manuela*". *Publication of the Afro-Latin/American Research Association (PALARA)* 5 (Fall): 32–41.
Finnegan, Ruth. 1992. *Oral Traditions and the Verbal Arts: A Guide to Research Practices*. London: Routledge.
Forbes, Curdella. 2005. *From Nation to Diaspora: Samuel Selvon, George Lamming and the Culture Performance of Gender*. Kingston: University of the West Indies Press.
Foucault, Michel. 1980. *History of Sexuality*. Vol. 1: *An Introduction*. New York: Vintage.
Gilroy, Paul. 2001. *Black Identity*. London: Hansib.
Glissant, Édouard. 1989 *Caribbean Discourse*. Charlottesville: University Press of Virginia.
Gomez Licon, Adriana. 2013. "Aeromexico Apologizes for Light-Skinned Casting Call".

USA Today, 16 de agosto. http://www.usatoday.com/story/todayinthesky/2013/08/16/mexico-airline-apologizes-for-light-skin-casting/2666355/.

González, Anita. 2009. "Imaging the Darker Brother: Critical Performances of Racialized Dance in Mexico". Ponencia presentada en el conferencia de la Latin American Studies Association. Rio de Janiero, Brazil, 11–16 de junio.

———. 2010. *Afro-Mexico: Dancing between Myth and Reality*. Austin: University of Texas Press.

González Navarro, Moisés. 1960. *La colonización en México: 1877–1910*. México: Talleres de impresion de estampillas y valores.

Graber, Davis. 1981. "Political Language". En *Handbook of Political Communication*, editado por Dan Niomo y Keith Saunders. Los Angeles: Sage.

Griffin, Susan. 1997. "Eco-feminism and Meaning". En *Eco-feminism: Women, Culture, Nature*, editado por Karen J. Warren, 213–26. Bloomington: Indiana University Press.

"Groseros". 1999. En *Alma cimarrona: versos costeños y poesía regional*, editado por Angustia Torres Díaz e Israel Reyes Larrea, 45–46. Oaxaca, México: Dirección General de Culturas Populares.

Habana Zárate, Rodrigo. 1990. "Tontosoy". En *Jamás fandango al cielo: narrativa afromestiza*, editado por María Cristina Díaz Pérez, Francisca Aparicio Prudente, y Adela García Casarrubias, 139–43. San Ángel, México: Dirección General de Culturas Populares.

Habekost, Christian. 1993. *Verbal Riddim: The Politics and Aesthetics of African-Caribbean Dub Poetry*. Amsterdam: Rodopi.

Harris, Wilson. 1999. *Selected Essays of Wilson Harris: The Unfinished Genesis of the Imagination*, editado por Andrew Bundy. London: Routledge.

Hernández Cuevas, Marco Polo. 2004. "La población negra de México: parte del discurso blanqueador para poner al negro en su lugar". *Afro-Hispanic Review* 23 (1): 3–9.

Herrera Casasús, María Luisa. 1991. *Piezas de Indias: la esclavitud negro en México*. Veracruz, México: Instituto Veracruzano de Cultura.

Herrera-Sobek, María. 1990. *The Mexican Corrido: A Feminist Analysis*. Bloomington: Indiana University Press.

Hill Collins, Paricia. 1999. *Black Feminist Thought: Knowledge, Consciousness and the Politics of Empowerment*. 2nd ed. London: Routledge.

Holland, Dorothy, et al. 2003. *Identity and Agency in Cultural Worlds*. Cambridge, MA: Harvard University Press.

hooks, bell. 2000. *Feminism Is for Everybody: Passionate Politics*. Cambridge, MA: South End.

Hudson-Weems, Clenora. 1993. *Africana Womanism: Reclaiming Ourselves*. Troy, MI: Bedford.

Jant, Fred, y Heather Hurdley. 2007. "Intercultural Dimensions of Communicating Masculinities". *Journal of Men's Studies* 15 (2): 216–31.

Johnson, Sally, y Ulrike Hanna Meinhof, eds. 1997 *Language and Masculinity*. Oxford: Blackwell.

Juárez Hernández, Yolanda. 1990. Introducción. *20 foro Veracruz también es Caribe*. Veracruz, México: Insituto Veracruzano de Cultura.

Katz, Marco. 2007. "Tiras, timbres y estereotipos: el negro Memín Pinguín y la manipulación de la cultura popular con representaciones étnicas". *Culturas Populares. Revista Electrónica* 5 (julio–diciembre). http://www.culturaspopulares.org/textos5/articulos/katz.htm.

Kimmel, Michael, y M. Messner. 1995. *Men's Lives*. New York: Allyn and Bacon.

Krause, Enrique. 2005. "The Pride in *Memín Pinguín*". *Washington Post*. 12 de julio, A21.

Lakoff, Robin. 1973. "Language and Woman's Place". *Language and Society* 2: 45–80.

Legler, Gretchen. 1997. "Eco-feminist Literary Criticism" In *Eco-feminism: Women, Culture, Nature*, editado por Karen J. Warren, 227–38. Bloomington: Indiana University Press.

Love, Edgar F. 1967. "Negro Resistance to Spanish Rule in Colonial Mexico". *Journal of Negro History* 52 (2): 89–103.

Martínez Montiel, Luz María. 1992. *Los negros en México*. México, DF: Madfire.

McClintock, Anne. 1995. *Imperial Leather: Race, Gender and Sexuality in the Colonial Context*. New York: Routledge.

McDowell, John. 2000. *Poetry and Violence: The Ballad Tradition of Mexico's Costa Chica*. Champaign: University of Illinois Press.

Méndez Tello, Donají. 1999. "Pa' mi Nicolasita". En *Alma cimarrona: versos costeños y poesía regional*, editado por Angustia Torres Díaz e Israel Reyes Larrea, 72. Oaxaca, México: Dirección General de Culturas Populares.

Meza Herrera, Malinali. 1992. Prólogo. En *Cállate burrita prieta: poética afromestiza*, editado por Francisca Aparicio Prudente, vii–viii. Chilpancingo, México: Dirección General de Culturas Populares.

Mirandé, Alfredo. 1997. *Hombres y Machos: Masculinity and Latino Culture*. Boulder: Westview.

Molina Enríquez, Andrés. 1909. *Los grandes problemas nacionales*. México: Impr. de Carranza e Hijos.

Monsivaís, Carlos. 2005. "De las tribulaciones de *Memín Pinguín*". http://hemisphericinstitute.org/hemi/es/e-misferica-52/monsivais.

Moore Stevenson, Alva. N.d. "Blacks in Mexico". http://www.blueroadrunner.com/default.htm.

"Morena". 1993. En *Jamás fandango al cielo: narrativa afromestiza*, editado por María Cristina Díaz Pérez, Francisca Aparicio Prudente y Adela García Casarrubias, 109–19. San Ángel, México: Dirección General de Culturas Populares.

Muhammad, Jameelah, ed. 1995. "Mexico and Central America". En *Afro-Latin Americans Today: No Longer Invisible*, 163–80. London: Minority Rights Publications.

Muñoz, Laura. 1990. "La presencia del Caribe en México: una retropectura historia". En *20 foro Veracruz también es Caribe*, 87–94. Veracruz, México: Insituto Veracruzano de Cultura.

Nanton, Phillip. 1995. "Making Space for Orality on Its Own Terms". En *The Pressures of the Text: Orality, Texts and the Telling of Tales*, editado por Stewart Brown, 83–90. African Studies Series, no. 4. Birmingham, UK: Centre of West African Studies.

Nurse, Keith. 2004. "Masculinities in Transition: Gender and the Global Problematique". En *Interrogating Caribbean Masculinities: Theoretical and Empirical Analysis*, editado por Rhoda Reddock, 3–33. Kingston: University of the West Indies Press.

Oloff, Kerstin D. 2009. "Wilson Harris, Regionalism and Postcolonial Studies". En *Perspectives on the "Other America"*, editado por Michael Niblett y Kerstin Oloff, 233–56. Amsterdam: Rodopi.

Ong, Walter J. 2000. *Orality and Literacy*. London: Routledge, Taylor and Francis.

Palmer, Colin. 1990. "Africa's Legacy in Mexico: A Legacy of Slavery". http://www.smith sonianeducation.org/migrations/legacy/almleg.html.

Patatán Mariche, Luis. 1991. "Juaniquito el oso". En *Jamás fandango al cielo: narrativa afromestiza*, editado por María Cristina Díaz Pérez, Francisca Aparicio Prudente y Adela García Casarrubias, 86–92. San Ángel, México: Dirección General de Culturas Populares.

Paz, Octavio. 1994. *The Labyrinth of Solitude: The Other Mexico; Return to the Labyrinth of Solitude; Mexico and the United States; the Philanthropic Ogre*. New York: Grove.

———. 1997. *El laberinto de la soledad*. New York: Penguin.

Pérez Fernández, Rolando Antonio. 1990. *La música afromestiza mexicana*. Veracruz, México: Universidad Veracruzana.

Ramchand, Kenneth. 2004. "Calling All Dragons: The Crumbling of Caribbean Masculinity". En *Interrogating Caribbean Masculinities: Theoretical and Empirical Analyses*, editado por Rhoda Reddock, 309–25. Kingston: University of the West Indies Press.

Ramírez, Rafael. 1993. *Dime Capitán: Reflexiones sobre la Masculinidad*. Río Pierdras, Puerto Rico: Ediciones Huracán.

Ramsay, Paulette A. 2001. "Establishing an Independent Identity: Afro-Mexican Oral Narratives in the Context of Post-Colonial Criticism". *Langston Hughes Review* 16 (1–2): 8–17.

———. 2003. "History, Violence and Self-Glorification in Afro-Mexican *corridos* from Costa Chica de Guerrero". *Publication of the Afro-Latin/American Research Association (PALARA)* 7 (Fall): 62–78.

———. 2009. "Cross-Cultural Poetics: Debating the Place of Afro-Mexican Poetry in the Context of Caribbean Literary and Cultural Aesthetics". *Perspectives on the Other America: Comparative Approaches to Latin American Culture*, editado por Michael Niblett y Kerstin Oloff, 197–220. Amsterdam: Rodopi.

Reddock, Rhoda, ed. 2004. *Interrogating Caribbean Masculinities: Theoretical and Empirical Analyses*. Kingston: University of the West Indies Press.

Reyes Larrea, Israel. 1999. "Negrita cimarrona". En *Alma cimarrona: versos costeños y poesía regional*, editado por Angustia Torres Díaz e Israel Reyes Larrea, 69. Oaxaca, México: Dirección General de Culturas Populares.

Robles, Jesús. 1990. "La mojarrita de tres colores". En *Jamás fandango al cielo: narrativa afromestiza*, editado por María Cristina Díaz Pérez, Francisca Aparicio Prudente y Adela García Casarrubias, 204–5. San Ángel, México: Dirección General de Culturas Populares.

Rohlehr, Gordon. 2004. "I Lawa: The Construction of Masculinity in Trinidad and Tobago". *Interrogating Caribbean Masculinities: Theoretical and Empirical Analysis*, editado por Rhoda Reddock, 326–403. Kingston: University of the West Indies Press.

Said, Edward. 2005. "Resistance, Opposition and Representation". En *The Post-Colonial Studies Reader,* editado por Bill Ashcroft, Garth Griffiths y Helen Tiffin, 95–98. London: Routledge.

Sanders, Edith R. 1969. "The Hamitic Hypothesis: Its Origin and Functions in Time Perspective". *Journal of African History* 10 (4): 521–32.

Serrano, Juan Angel. 2005. "The Memín Pinguín Controversy – And What We Could Learn from Mexico", Clarence Page. *History News Network*. 15 de julio. http://historynewsnetwork.org/article/13198.

Simpson, L.B. 1966. *The Encomienda in New Spain*. Edición revisada y aumentada. Berkeley: University of California Press.

Slemon, Stephen. 1988. "Post-Colonial Allegory and the Transformation of History". *Journal of Commonwealth Literature* 23 (1): 157–68.

———. 2005. "Post-Colonial Allegory and the Transformation of History". En *The Post-Colonial Studies Reader*, 2nd ed., editado por Bill Ashcroft, Garth Griffiths y Helen Tiffin, 102–6. London: Routledge.

Stam, Robert, y Louise Spence. 2005. "Colonialism, Racism and Representation". En *The Post-Colonial Studies Reader*. 2nd ed., editado por Bill Ashcroft, Garth Griffiths y Helen Tiffin, 109–12. London: Routledge.

Tang, R. 1999. "The Place of Culture in the Foreign Language Classroom: A Reflection". *Internet TESL Journal* 8. http://iteslj.org/articles/Tang-culture.html.

Tiffin, Helen. 2005. "Post-Colonial Literatures and Counter-Discourse". En *The Post-Colonial Studies Reader*, 2nd ed., editado por Bill Ashcroft, Garth Griffiths y Helen Tiffin, 99–101. London: Routledge.

Toro, Alfonso. 1921. "Influencia de la raza negra en la formación del pueblo mexicano". *Ethnos, revista para la vulgarización de estudios antropológicos sobre México y Centro América* 1, N 8–12: 215–18.

Torres Díaz, Angustia, e Israel Reyes Larrea, eds. 1999. *Alma cimarrona: versos costeños y poesía regional*. Oaxaca, México: Dirección General de Culturas Populares.

Valles, Luis. N.d. "Memín Pinguín en el diván del sicoanalista". http://gmoaguilera.tripod.com/memin.html

Valencia Valencia, Enrique. 1993. Prefacio. En *Jamás fandango al cielo: narrativa afromestiza*, editado por María Cristina Díaz Pérez, Francisca Aparicio Prudente, Adela García Casarrubias, 13–17. San Ángel, México: Dirección General de Culturas Populares.

Van Sertima, Ivan, ed. 1992. *African Presence in Early America*. London: Transaction.

Vargas Dulché, Yolanda. 2008a. *Memín Pinguín: aventura emocionante*. Edición Homenaje, vol. 153. México: Grupo Editorial Vid.

———. 2008b. *Memín Pinguín: buscando una ilusión*. Edición Homenaje, vol. 154. México: Grupo Editorial Vid.

———. 2010a. *Memín Pinguín: el nuevo pianista*, vol. 415. México: Grupo Editorial Vid.

———. 2010b. *Memín Pinguín: desmelenados*. Edición Homenaje, vol. 248. México: Grupo Editorial Vid.

———. 2010c. *Memín Pinguín: en guardia, faralones*. Edición Homenaje. Vol. 249. México: Grupo Editorial Vid.

———. 2010d. *Memín Pinguín: viva el amor*. Edición Homenaje, vol. 251. México: Grupo Editorial Vid.

———. 2010e. "*Memín Pinguín: tomo 23*. Vol. 221–30. México: Grupo Editorial Vid.

Vasconcelos, José. 1925. *La raza cósmica: misión de la raza iberoamericana*. Madrid: Agencia Madrid de Librería.

Vaughn, Bobby. 2004. "Los negros, los indígenas y la diáspora: una perspectiva etnográfica de la Costa Chica". En *Afroméxico: el pulso de la población negra en México: una historia recordada y vuelta a recordar*, editado por Ben Vinson III y Bobby Vaughn, 74–96. México, DF: Fondo de Cultura Económica.

Vaughn, Bobby, y Ben Vinson III. 2005. "*Memín Penguin*: Changing Racial Debates and Transnational Blackness". *La jornada*. http://hemisphericinstitute.org/hemi/en/e-misferica-52/vaughnvinson.

Velázquez Gutiérrez, María Elisa. 2005. "*Memín Pinguín*: Tres años después". *La jornada*. http://hemisphericinstitute.org/hemi/en/e-misferica-52/velazquezgutierrez.

Villegas Zapata, Efraín. 1999. "Costa". En *Alma cimarrona: versos costeños y poesía regional*, editado por Angustia Torres Díaz e Israel Reyes Larrea, 53. Oaxaca, México: Dirección General de Culturas Populares.

Vincent, Ted. 1994. "The Blacks Who Freed Mexico". *Journal of Negro History* 79 (3): 257–76.

Vinson III, Ben. 2001. *Bearing Arms for His Majesty: The Free-Coloured Militia in Colonial Mexico*. Palo Alto, CA: Stanford University Press.

———. 2004. "La historia del estudios de los negros en México". En *Afroméxico: el pulso de la población negra en México: una historia recordada, olvidada y vuelta a recordar*, editado por Ben Vinson III y Bobby Vaughn, 19–74. México, DF: Fondo de Cultura Económica.

Vinson III, Ben, y Bobby Vaughn. 2004. *Afroméxico: el pulso de la población negra en México: una historia recordada, olvidada y vuelta a recordar.* México, DF: Fondo de Cultura Económica.

Webb, Barbara. 1992. *Myth and History in Caribbean Fiction.* Amherst: University of Massachusetts Press.

White, Elizabeth. 2009. "Bakhtinian Dialogism: A Philosophical and Methodological Route to Dialogue and Difference". Ponencia presentada en la 38° conferencia anual de la Philosophy of Education Society of Australasia. http://www.hawaii_peanconf /zpdfs/16white.pdf.

Whitten, Norman Jr, ed. 1981. *Cultural Transformation and Etnicity: Urban Ethnicity in Modern Ecuador.* Champaign: University of Illinois Press.

Williams, Eric. 1994. *Capitalism and Slavery.* Chapel Hill: University of North Carolina Press.

Yuval-Davis, Nira. 1997. *Gender and Nation.* Los Angeles: Sage.

Zárate Arango, Francisco J. 2012. *Memoria y canto desde la Costa Chica: poemas.* México, DF: Palabra en Vuelo.

———. 1999a. "Caminos". En *Alma cimarrona: versos costeños y poesía regional,* editado por Angustia Torres Díaz e Israel Reyes Larrea, 51. Oaxaca, México: Dirección General de Culturas Populares.

———. 1999b. "Canto a la costa mía". En *Alma cimarrona: versos costeños y poesía regional,* editado por Angustia Torres Díaz e Israel Reyes Larrea, 52. Oaxaca, México: Dirección General de Culturas Populares.

———. 1999c. "Radiografia costeña". En *Alma cimarrona: versos costeños y poesía regional,* editado por Angustia Torres Díaz e Israel Reyes Larrea, 74–77. Oaxaca, México: Dirección General de Culturas Populares.

Corridos

"Chicharrón". 2000. En *Poetry and Violence: The Ballad Tradition of Mexico's Costa Chica* by John McDowell, 221–23. Champaign: University of Illinois Press.

"Corrido de Martín Díaz". 1990. En *The Mexican Corrido: A Feminist Analysis* by María Herrera-Sobek, 47–48. Bloomington: Indiana University Press.

"Corrido de los Zapatistas de San Nicolás". 1975. *Traigo una flor hermosa y mortal: Los cimarrones.* Grabación de audio.

"El Zanatón". 1975. *Traigo una flor hermoso y mortal: Los cimarrones.* Grabación de audio.

"Fan (Juan) Chanito". 1975. *Traigo una flor hermoso y mortal: Los cimarrones.* Grabación de audio.

"La Gallinita". 2014. Letras Musicales. http://www.letrasmusicales.ws/la-gallina-banda -arkangel-r-15/.

"La Mula Bronca". 1975. *Traigo una flor hermoso y mortal: Los cimarrones*. Grabación de audio.

"Pedro el Chicharrón". 2000. En *Poetry and Violence: The Ballad Tradition of Mexico's Costa Chica*, John McDowell, 227–31. Champaign: University of Illinois Press.

"Prisco Sanchez". 1975. *Traigo una flor hermosa y mortal: Los cimarrones*. Grabación de audio.

"Tomás Marín". 2000. En *Poetry and Violence: The Ballad Tradition of Mexico's Costa Chica*, John McDowell, 220–21. Champaign: University of Illinois Press.

www.ingramcontent.com/pod-product-compliance
Lightning Source LLC
Chambersburg PA
CBHW021841220426
43663CB00005B/356